Barbara Reichle
Wir werden Familie

Familienbildung und Beratung

Herausgegeben von
Barbara Reichle

Barbara Reichle

Wir werden Familie

Ein Kurs zur Vorbereitung auf die erste Elternschaft

Juventa Verlag Weinheim und München 1999

Die Autorin
Barbara Reichle, Jg. 1953, Dipl.-Psych., Dr. rer. nat., ist wissenschaftliche Mitarbeiterin am Fachbereich I, Psychologie, der Universität Trier.
Ihre Arbeitsschwerpunkte sind die Familienentwicklungspsychologie, die Bewältigung kritischer Lebensereignisse, die Gerechtigkeitspsychologie und die kognitive Emotionspsychologie.

Die Deutsche Bibliothek - CIP-Einheitsaufnahme

Reichle, Barbara:
Wir werden Familie : Ein Kurs zur Vorbereitung auf die erste Elternschaft / Barbara Reichle. - Weinheim ; München : Juventa Verlag, 1999
  (Familienbildung und Beratung)
  ISBN 3-7799-1531-6

Das Werk einschließlich aller seiner Teile ist urheberrechtlich geschützt. Jede Verwertung außerhalb der engen Grenzen des Urheberrechtsgesetzes ist ohne Zustimmung des Verlags unzulässig und strafbar. Das gilt insbesondere für Vervielfältigungen, Übersetzungen, Mikroverfilmungen und die Einspeicherung und Verarbeitung in elektronischen Systemen.

© 1999 Juventa Verlag Weinheim und München
Umschlaggestaltung: Atelier Warminski, 63654 Büdingen
Printed in Germany

ISBN 3-7799-1531-6

Vorwort

Das vorliegende Manual ist aus der pädagogisch-psychologischen Arbeit mit Paaren entstanden, die ihr erstes Kind erwartet haben und sich auf die neue Lebensphase vorbereiten wollten. Diese Arbeit begann vor gut 12 Jahren mit einer Befragung von Paaren, die gerade den Übergang zur Elternschaft vollzogen hatten. Untersucht wurden die Lebensveränderungen, die die Geburt eines Kindes mit sich bringt und die Bemühungen der jungen Eltern, diese Lebensveränderungen zu bewältigen. Schon früh, nämlich im dritten Monat nach der Geburt des Kindes, zeigten sich deutliche Unterschiede nicht nur in den Lebensveränderungen von Frauen und Männern, sondern auch in den Bewältigungsbemühungen der 190 Befragten. Entsprechend unterschiedlich entwickelten sich im Laufe der Zeit die Zufriedenheit mit der Partnerschaft und die Partnerschaft selbst: Im ungünstigsten Fall kam es in den folgenden vier Jahren zu Trennung und Scheidung, bei mehr als der Hälfte zu negativen Bewertungen, bei gut vierzig Prozent zu vermehrt negativen Gefühlen dem Partner oder der Partnerin gegenüber. Es zeigte sich, daß der Umgang mit den Veränderungen, die die Geburt des ersten Kindes nach sich zieht, kritisch für die spätere Qualität der Partnerschaft und den Bestand der Beziehung ist.

Solche Entwicklungen sind nicht nur für die betroffenen Paare schmerzhaft, sondern haben auch weitreichende Effekte auf die angehörigen Kinder. Somit gab es gute Gründe, an den vorgenannten Befunden anzusetzen und zu versuchen, werdende Eltern präventiv zu einer konstruktiven Auseinandersetzung mit den anstehenden Lebensveränderungen zu bewegen. Damit sollten negative Lebensveränderungen überhaupt seltener auftreten oder aber auf eine konstruktive Art und Weise von den Betroffenen korrigiert werden können.

Eine erste Evaluation nach vier Kursen mit werdenden Eltern hat eine Reihe positiver Effekte erbracht. Die befürchteten negativen Effekte haben sich nicht gezeigt. Die Urform des Manuals wurde von fortgeschrittenen Studierenden der Psychologie erfolgreich als Trainingsvorlage benutzt und als verständlich und umsetzbar bewertet. Viele Kolleginnen und Kollegen aus der Familienbildung haben mir ihr Interesse an einem solchen Kursmanual bekundet. Den letzten noch fehlenden Anstoß verdanke ich Herrn Schweim vom Juventa Verlag, so daß ich schließlich das ursprüngliche Manual noch einmal gründlich überarbeitet habe und es nun aus der Hand gebe.

Auf dem Weg von der Idee zu diesem Training bis zum vorliegenden Buch habe ich vielerlei Unterstützung erfahren. Studierende der psychologischen Anwendungspraxis an der Universität Trier haben das Training mitgestaltet, erprobt und modifiziert. Cathrin Anders, Marko Bartholomäus, Yvonne Eltze, Julia Feifel, Ursula Gollan-Heimbach, Bettina Kempf, Thomas König, Jan Kunterding, Monika Lück, Gilles Michaux, Juliane Radermacher, Anja Röding, Vera Schönfeld, Tanja Schwippert, Hilde Seelbach, Katja Thelen, Gaby Tsigos, Ina-Maria Wagner, Alexandra Winzer und Raina Wirth haben in unterschiedlichem Ausmaß, aber alle nach Kräften zum Zustandekommen der vorliegenden Version beigetragen. Die Kollegen Gunther Krampe und Robert Behner haben als Co-Trainer fungiert und apriori hilfreiche Anregungen für das Training gegeben. Gunther Krampe und Cathrin Anders haben dabei geholfen, das Manual in eine erste lesbare Form zu bringen. Dies alles wäre nicht so rasch und reibungsarm möglich gewesen ohne die tatkräftige und verständnisvolle Unterstützung von Herrn Prof. Dr. Leo Montada und Frau Prof. Dr. Gisela Müller-Fohrbrodt sowie eine Sachbeihilfe des rheinland-pfälzischen Ministeriums für Wissenschaft und Weiterbildung.

Wie immer hat mir bei dieser Unternehmung ein bewährtes Netz Kraft und Sicherheit gegeben. Meine Freunde und Freundinnen haben mich durch ihre Anteilnahme und Nachsicht unterstützt. Meine Familie hat mich mit liebevoller Toleranz an etlichen Wochenenden zur Kursdurchführung und Manuskripterstellung beurlaubt und die Gelegenheit genutzt, Dinge zu tun, die die Mama zu gefährlich findet, nicht gerne tut oder nicht gut kann. Ihnen allen danke ich herzlich.

Trier, im Februar 1999
Barbara Reichle

Inhalt

Teil I: *Theoretische Grundlagen und Interventionsplanung*

1 Freudig ist nicht ungefährlich: Risiken und Chancen des Übergangs zur Elternschaft 13
   1.1 Aufgabenveränderungen führen zu Einschränkungen 13
   1.2 Der Umgang mit Einschränkungen ist kritisch: Bewertungen, Gefühle, Aktionen 14
   1.3 Erleichternde und erschwerende Bedingungen 15
   1.4 Effekte einer ungünstigen Bewältigung 16

2 Interventionsplanung 17
   2.1 Ziele: Einschränkungen als veränderbar wahrnehmen, Ungerechtigkeitserlebnisse reduzieren, Verteilungen optimieren und akzeptieren, Belastungen vermindern 18
   2.2 Mittel: Information, Kommunikation, Emotionskontrolle, Verhandeln 19
      2.2.1 Baustein 1: Lebensveränderungen 19
      2.2.2 Baustein 2: Partnerschaftliche Kommunikation („Gute Gesprächsführung") 21
      2.2.3 Baustein 3: Emotionskontrolle („Umgang mit schlechten Gefühlen") 23
      2.2.4 Baustein 4: Konstruktive Verhandlungen („Umgang mit Meinungsverschiedenheiten") 26
      2.2.5 Baustein 5: Erleichternde und erschwerende Bedingungen („Umgang mit Belastungen") 28
   2.3 Vorbereitung und praktische Voraussetzungen 29

Teil II: *Kursmanual*

1. Kurstag: Lebensveränderungen und Kommunikation

Material 35
Begrüßung und Vorstellung 35

Baustein 1: Lebensveränderungen
   1.1 Einführung 37
   1.2 Der Zeitkuchen 38
   1.3 Übersicht über die weiteren Themen 40

Baustein 2: Gute Gesprächsführung
   2.1 Positive Gegengewichte (Übung zur positiven Reziprozität) 42
   2.2 Gute Gesprächsführung 42

       2.2.1 Sich Mitteilen 43
       2.2.2 Zuhören 45
  2.3 Zum Weiter-Üben...47
  2.4 Relativierung der „idealen Kommunikation"..47

Hausaufgaben, Blitzlicht, Verabschiedung 48

2. Kurstag: Umgang mit schlechten Gefühlen

Material..49

Begrüßung, Blitzlicht, Hausaufgaben..49

Überleitung von der letzten Sitzung und Einführung..49

Baustein 3: Umgang mit schlechten Gefühlen

  3.1 Gedanken, Gefühle, Aktionen. (Übung „Werner und Gabi")..................................51
  3.2 Kleine Entspannungsübung...53
  3.3 Ärgeranalyse..55
  3.4 Ärgerkontrolle - warum, wie, wann nicht, was sonst?..56
  3.5 Große Entspannungsübung..58

Blitzlicht, Hausaufgabe, Verabschiedung 61

3. Kurstag: Umgang mit Meinungsverschiedenheiten und Belastungen

Material..63

Begrüßung, Einführung..63

Baustein 4: Umgang mit Meinungsverschiedenheiten

  4.1 Einführung anhand eines Streitgesprächs. Thema Arbeitsverteilung
      aus „Drei Männer und ein Baby" 64
  4.2 Analyse des Streitgesprächs, Erarbeitung von Alternativen 65
  4.3 Vier Schritte des konstruktiven Umgangs mit Meinungsverschiedenheiten..........67
  4.4 Anwendung 70
  4.5 Erste Hilfe bei Notfällen...71
  4.6 Atemübung 72

Baustein 5: Umgang mit Belastungen

  5.1 Einführung: Zwei Briefe 74
  5.2 Wirkungen von Belastungen 75
  5.3 Bewältigungsstrategien: Verändern, umgehen, verschieben, stützen 76

Zusammenfassung, Ausblick und Verabschiedung...76

Literatur 77

Teil III: Arbeitsblätter

Texte

T1 Dialog
T2 Große Entspannungsübung
T3 Streitgespräch aus „Drei Männer und ein Baby"

Arbeitsblätter

AB1   1. Interview. Angaben zur Person
AB2   2. Interview. Vorbereitung auf das Kind
AB3   3. Interview. Erwartungen und Befürchtungen zum Kurs
AB4   Zeitkuchen im Paarstadium (ohne Kind)
AB5   Zeitkuchen eines normalen Arbeitstags ohne Kind
AB6   Zeitkuchen eines normalen Arbeitstags mit Kind (nach dem Mutterschutz)
AB7   Zeitkuchen eines normalen Arbeitstags mit und ohne Kind
AB8   Fünf Seiten, die ich besonders schätze
AB9   Die fünf wichtigsten Sprecher-Regeln
AB10 Die fünf Zuhörer-Regeln
AB11 Hausaufgaben
AB12 Gedanken, Gefühle, Tun
AB13 Vier Analysepunkte
AB14 Techniken für den Notfall I
AB15 Störung
AB16 Wünsche
AB17 Klärung von Meinungsverschiedenheiten
AB18 Fahrplan: Konstruktiver Umgang mit Meinungsverschiedenheiten
AB19 Techniken für den Notfall II
AB20 Umgang mit Belastungen

Teil I

Theoretische Grundlagen und Interventionsplanung

1 Freudig ist nicht ungefährlich: Risiken und Chancen des Übergangs zur Elternschaft

Der Beginn der sozialwissenschaftlichen Erforschung des Übergangs zur Elternschaft wird meist in einer Studie des amerikanischen Soziologen LeMasters gesehen, die 1957 veröffentlicht wurde. Mit dem Titel „Parenthood as crisis" hat der Autor der Fachöffentlichkeit zu Bewußtsein gebracht, daß „freudige Ereignisse" auch weniger freudige Seiten haben können - ohne daß es gleich zu so dramatischen Entwicklungen wie der Wochenbettpsychose oder -depression kommen muß, die in der Geburtshilfe und in der Psychiatrie schon länger bekannt waren. Über diese Einsicht hinaus hat die Veröffentlichung der kleinen Studie eine Serie von Untersuchungen zur Thematik ausgelöst, so daß man heute konstatieren kann, daß der Übergang zur Elternschaft zu den relativ gut untersuchten Lebensereignissen gehört (vgl. Reichle & Werneck, 1999). Daß das freudige Ereignis eine krisenhafte Phase im Leben des frischgebackenen Elternpaares darstellt, ist mittlerweile unbestritten, wenn man Krise im Wortsinn als einen Wendepunkt ansieht, an dem es für die Betroffenen unklar ist, ob sich ihre Entwicklung zum Positiven oder zum Negativen fortsetzen wird. Ebenfalls unbestritten ist auch ein im Mittel *deutlicher Rückgang der Partnerschaftszufriedenheit* infolge der Geburt des ersten Kindes. Dieser Rückgang kann nur zum Teil auf einen generellen Erosionsprozeß unabhängig von der Geburt von Kindern zurückgeführt werden (Gloger-Tippelt, Rapkowitz, Freudenberg & Maier, 1995; Schneewind et al., 1996; Schneider & Rost, 1999). Er manifestiert sich besonders in einem Rückgang von Zärtlichkeit (Jurgan, Gloger-Tippelt & Ruge, 1999), ist nicht auf deutsche und nordamerikanische Eltern beschränkt (Vergleiche zwischen Deutschland, Österreich, Südkorea und Georgia, Nickel, 1999), variiert jedoch auch mit der Kultur - im Vergleich etwa mit Südkorea sind deutsche Paare gefährdeter (Quaiser-Pohl, 1999). Wie kommt es dazu?

1.1 Aufgabenveränderungen führen zu Einschränkungen

Mit der Geburt des ersten Kindes verändert sich der Alltag der jungen Eltern innerhalb weniger Stunden radikal: Die neue Aufgabe der Versorgung eines vollständig abhängigen Lebewesens ist heute für die meisten unbekannt und ungewohnt. Infolge der zunehmenden Realisierung der Gleichberechtigung der Geschlechter haben junge Eltern zumindest theoretisch die Wahl aus einer Vielzahl von möglichen Lebensentwürfen. Wahlen müssen getroffen werden, erfordern Entscheidungen und bestenfalls Verhandlungen. Je mehr mögliche Lebensentwürfe es gibt, desto geringer ist die Chance, ein passendes Modell zu finden. Allerdings gibt es auch weniger Modelle, da Familien zunehmend räumlich voneinander getrennt leben. Die Aufgabe selbst ist heute im historischen Vergleich extrem anspruchsvoll geworden, „die gesamte Energie der Gruppe (der Eltern und Kinder) verausgabt sich im Bemühen um das Fortkommen der Kinder, und zwar jedes einzelnen, ... um die Kinder geht es weit mehr als um die Familie" (Ariès, 1992, S. 555). Das Produkt dieser Bemühungen bezeichnet die amerikanische Entwicklungspsychologin Sandra Scarr (1988, S. 28) als „Gourmet-Kind", „den intensiv erzogenen Säugling, der durch Verführung oder Zwang schon im Babybettchen seltsame Symbole lernt".

Wenn man nun diese neue Aufgabe nicht an eine dritte Person delegiert, sondern zumindest teilweise selbst übernimmt, kann Zeit und Energie für ihre Erfüllung nur durch Einschnitte bei anderen bisher erfüllten Aufgaben vorgenommen werden. Der Zeitkuchen wird also neu verteilt, meistens so, daß die junge Mutter ihre Erwerbstätigkeit oder Ausbildung aufgibt oder zumindest reduziert (Reichle, 1996b). Die damit gewonnene Zeit und Energie reichen jedoch zur Erfüllung der neuen Aufgabe häufig nicht aus. Die Versorgung eines Säuglings ist im Gegensatz zu einer normalen Erwerbstätigkeit nicht zeitlich begrenzt. Ein Kind ist nicht nur acht Stunden, sondern rund um die Uhr pflegebedürftig. Also muß auch zu anderen als den bisherigen Erwerbsarbeitszeiten Zeit und Energie für die Versorgung des Kindes aufgebracht werden. Dies geschieht dann zu Lasten des Freizeit- und Partnerschaftsbereiches von Frau und Mann, häufig auch zu Lasten des bisher übernommenen Haushaltsanteils des Mannes (was dann von der Frau durch die Übernahme eines größeren Haushaltsanteils kompensiert wird), selten zu Lasten seiner Erwerbszeit.

Mit den bei dieser Neuverteilung beschnittenen Aufgaben bleiben Bedürfnisse auf der Strecke, die zuvor mit diesen Aufgaben befriedigt wurden: Es wird weniger geschlafen, weniger ausgegangen, Hobbys werden eingeschränkt, sexuelle Kontakte reduziert, die jungen Mütter engagieren sich weniger sozial und politisch, sind finanziell weniger unabhängig, stellen die Erfüllung von Bedürfnissen zurück, die sie zuvor mit ihrer Berufstätigkeit erfüllt haben - etwa das Bedürfnis nach finanzieller Unabhängigkeit vom Partner, nach Anerkennung für berufliche Leistungen und Erfolge, nach Kontakt zu Arbeitskolleginnen und -kollegen. Daneben gibt es aber auch Gewinne in der Erfüllung von Bedürfnissen. Mit der neuen Aufgabe werden häufig Bedürfnisse befriedigt, die zuvor nicht befriedigt werden konnten: Man hat ein eigenes Kind und Freude an ihm, gewinnt den Elternstatus, der einem in der Gesellschaft Ansehen verschafft und das Tor zur Erwachsenenwelt öffnet und anderes mehr. Durch das Kind kommt es zu vermehrten Kontakten mit Verwandten, und die jungen Mütter erfahren zumindest am Anfang der Elternschaft mehr Respekt von ihren Partnern (Reichle, 1994a).

1.2 Der Umgang mit Einschränkungen ist kritisch: Bewertungen, Gefühle, Aktionen

Wenn infolge der Geburt eines Kindes bisher erfüllte Bedürfnisse nicht mehr erfüllt werden, gibt dies Anlaß zu *Bewertungen*. Man kann solche Einschränkungen als den normalen Lauf der Welt sehen, als die Kosten der Elternschaft, die man mit vielerlei Gewinnen aufrechnen kann, etwa den oben genannten. Man kann aber auch kämpfen mit solchen Einschränkungen, sie negativ bewerten und darüber negative *Gefühle* erleben, und damit kann die Krise eine Wende zu einer problematischen Entwicklung nehmen: Diejenigen erstmaligen Eltern sind mit ihrer Partnerschaft unzufrieden, die angesichts ihrer Lebensveränderungen Hoffnungslosigkeit empfinden und sich über ihren Partner oder ihre Partnerin ärgern, empört, enttäuscht sind (Reichle & Montada, 1999). Solche Gefühle erlebt verstärkt, wer seine Lebensveränderungen als Einschränkungen empfindet, als zukünftig stabil, als ungerecht, als vom Partner oder der Partnerin verschuldet, als unerwartet (Reichle & Montada, 1994). Über die Zeit hinweg haben solche Erfahrungen fatale Folgen: Wer im dritten Monat der ersten Elternschaft verstärkt solche Bewertungen und Gefühle äußert, hat ein signifikant höheres Risiko, nach viereinhalb Jahren Elternschaft getrennt oder geschieden zu sein (Reichle, 1995; 1996a).

Wie kann es zu dieser Entwicklung kommen? Wer sich mit unerwarteten Einschränkungen konfrontiert sieht, diese dem Partner oder der Partnerin anlastet, sie ungerecht findet, wird entsprechend *agieren*, beispielsweise eine Korrektur versuchen. Kurzfristig geschieht dies meist mittels Vorwürfen, also dem Versuch, den Partner oder die Partnerin zu einer Veränderung des kritischen Zustands zu bewegen. Am zweithäufigsten berichten junge Eltern, daß sie sich zurückzögen vom anderen, Frauen verändern das Bild, das sie von ihrem Partner haben zum Negativen, Männer reagieren mit Selbstwertverlust. Konstruktive Versuche der Bewältigung sind erstaunlich selten, sachliche Gespräche mit dem Partner und negative Gefühle über den anderen hängen nicht zusammen.

Im *Effekt* sind die berichteten Verhaltensweisen weitgehend destruktiv: Der Rückzug vom Partner oder der Partnerin ist gefährlich, er führt zu einer weiteren Verringerung der partnerschaftlichen Zufriedenheit (Reichle & Montada, 1999). Aber auch anhaltende Vorwürfe können gefährlich sein (Gottman, 1994), sie münden häufig in sogenannte negative Zwangsprozesse (Patterson & Reid, 1970): Die Vorwürfe haben häufig den gewünschten Effekt, der Beklagte tut, was von ihm eingefordert wird. Dies bekräftigt den Kläger bzw. die Klägerin und führt dazu, daß das Mittel des Vorwurfs beim nächsten Anlaß wieder eingesetzt wird. Der Beklagte gewöhnt sich aber an die Vorwürfe und stumpft ab, so daß schließlich immer stärkere Geschütze erforderlich werden, um die gewünschte Verhaltensänderung zu erzielen.

1.3 Erleichternde und erschwerende Bedingungen

Zusammenfassend haben also junge Eltern nach der Geburt ihres ersten Kindes eine neue Arbeitsverteilung einzuspielen und ein großes Bündel neuer Fertigkeiten des Umgang mit dem Kind zu erwerben und zu praktizieren. Dies ist eine anspruchsvolle Anforderung, die mit einigen Einschränkungen, aber auch Gewinnen einhergeht. Je nachdem, wie diese Veränderungen bewältigt werden, das heißt, bewertet und erklärt, werden die jungen Eltern positive oder mehr oder weniger negative Gefühle empfinden und entsprechend agieren sowie entsprechend zufrieden oder unzufrieden mit ihrer Partnerschaft sein. Im ungünstigsten Fall werden Einschränkungen als unausgewogen bewertet, als dauerhaft, als ungerecht, vom Partner zu verantworten. Solche Bewertungen gehen mit Hoffnungslosigkeit, Ärger, Enttäuschung, Empörung über den Partner oder die Partnerin einher. Diese Emotionen sind der Partnerschaftszufriedenheit abträglich, Hoffnungslosigkeit in direkter Weise, Ärger, Enttäuschung und Empörung über den Partner in indirekter Weise über Vorwürfe oder Rückzug. Letztere stellen langfristig eine ernsthafte Gefahr für den Bestand der Beziehung dar.

Für einen solchen Umgang gibt es nun aber auch erleichternde oder erschwerende Bedingungen, erschwerend in dem Sinn, daß sie Zeit und Energie von der Bewältigung der neuen Situation absorbieren. Folgende *Ausgangsbedingungen* haben sich als ungünstig erwiesen: Eine nicht geplante Schwangerschaft (u.a. Reichle, 1994a; Werneck, 1998), eine kurze Partnerschaftsdauer, ein niedriges Lebensalter, ein niedriger Sozialstatus (sämtlich z.B. in den Studien der Gruppe um Belsky, vgl. die Überblicke bei El-Giamal, 1997; Reichle, 1994a), immer wieder auch eine schon vor der Geburt des Kindes niedrige Partnerschaftszufriedenheit (zum Überblick El-Giamal, 1997; Gloger-Tippelt, 1988).

Nach der Geburt ungünstige Bedingungen sind vor allem situative Belastungen und Belastungen durch eine problematische Persönlichkeit: Zu den *situativen Belastungen* zählen andere Lebensereignisse, die gleichzeitig mit dem Übergang zur Elternschaft zu bewältigen sind (Jurgan, Gloger-Tippelt & Ruge, 1999), eine umfängliche Erwerbstätigkeit der Mutter in Kombination mit einer geringen Partnerunterstützung (Wicki, 1999), knappe soziale und materielle Ressourcen, wenig Entlastung (Reichle, 1994a), wenig soziale Unterstützung der jungen Mutter (El-Giamal, 1999; Ettrich & Ettrich, 1995), ein als zu gering empfundenes Einkommen (Reichle, 1995, 1996a; Reichle & Montada, 1999). Ebenfalls ungünstig sind Erwartungsverletzungen, beispielweise wenn die erfahrenen Einschränkungen die wahrgenommenen Gewinne überwiegen (Reichle, 1994a, 1998), das Kind als schwierig wahrgenommen wird (Schneewind et al., 1996), die Aufgabenverteilung nicht den eigenen Erwartungen oder Werten entspricht (Cowan & Cowan, 1994; El-Giamal, 1997, 1999; Reichle, 1996a, 1996b).

Unter letzterem, speziell einer als ungerecht empfundenen Arbeitsverteilung, leiden mehrheitlich Frauen.[1] Im Durchschnitt wünschen Frauen sich eine viel egalitärere Aufgabenverteilung als Männer. Praktiziert wird jedoch ganz überwiegend die traditionelle Aufgabenverteilung. Infolgedessen müssen deutlich mehr Frauen als Männer mit einer Verteilung leben, die ihren Werten nicht entspricht, was ihrer Partnerschaftszufriedenheit oft nicht zuträglich ist (Reichle, 1996b; Reichle & Gefke, 1998). Umgekehrt sind Männer, deren Partnerinnen emanzipierte Rollenvorstellungen haben, Kinder mitunter als Belastung empfinden, dem kinderlosen Zustand einen hohen Wert beimessen im Durchschnitt unzufriedener mit ihrer Partnerschaft als Männer mit eher traditionell eingestellten Partnerinnen (Werneck, 1998).

Die entsprechenden Wertvorstellungen sind auch für Väter problematisch: Väter, die Kinder eher als Belastung sehen, ein starkes Verantwortungsempfinden für sie spüren, die Kindern einen geringen Wert beimessen, die traditionelle Frauenrolle ablehnen, sind im Durchschnitt unzufriedener mit ihrer Partnerschaft als Väter, denen Kinder weniger Belastung darstellen, die weniger Verantwortungsdruck durch Kinder empfinden, für die Kinder einen hohen Wert bedeuten und die der traditionellen Frauenrolle anhängen (Werneck, 1998).

Ungünstige *Persönlichkeitsmerkmale* sind bei Vätern geringe Aggressivität (in der Selbsteinschätzung), geringe Selbstkritik mit den eigenen Verhaltensweisen in Belastungssituationen (El-Giamal, 1999). Bei Müttern sind eine geringe soziale Orientierung, geringe Extraversion und wenig ausgeprägte Fähigkeiten zur Umbewertung problematisch (El-Giamal, 1999). In eine ähnliche Richtung weisen Befunde von Schneewind und Sierwald (1999), nach denen geringe Beziehungskompetenz, wenig Einfühlungsvermögen und hohe Verletzbarkeit besondere Risikobedingungen für die Partnerschaft darstellen.

1.4 Effekte einer ungünstigen Bewältigung

Der Übergang zur Elternschaft ist nach diesen Befunden ein kritischer Übergang im Erwachsenenleben, der durchaus schwerwiegende Folgen haben kann, wenn er nicht kompetent bewältigt wird. Infolge einer ungünstigeren Bewältigung lassen sich Trennung, Scheidung, zumindest aber eine verminderte Partnerschaftzufriedenheit beobachten (vgl. z.B. Reichle & Werneck, 1999). Diese Entwicklung ist kein Minderheitenproblem, vielmehr weist die Hälfte einer über fünf Jahre untersuchten größeren Elternstichprobe eine Verschlechterung ihrer Partnerschaft auf (im Kontrast zu nur 14% verschlechterten Partnerschaften bei Vergleichspaaren, die nicht Eltern wurden; Schneewind et al., 1996). Wenn man weiß, daß Partnerschaftsprobleme, Trennung und Scheidung problematische Effekte auf Eltern und Kinder haben können (Ihle, Löffler, Esser, Laucht & Schmidt, 1992; Papousek & von Hofacker, 1995; Schmidt, Esser & Laucht, 1997; Schneewind, Vierzigmann & Backmund, 1995; Weindrich, Laucht, Esser & Schmidt, 1992), legt dieser Befund es nahe, präventiv tätig zu werden. Wo setzt man an?

---

[1] Eine als ungerecht empfundene Aufgabenverteilung ist nicht automatisch gleichzusetzen mit den zuvor als Risikofaktoren benannten ungerecht empfundenen Einschränkungen: Wenn die Aufgabenverteilung als ungerecht empfunden wird, werden wohl auch die aus ihr resultierenden Einschränkungen als ungerecht empfunden werden. Es gibt aber häufig auch die Sichtweise, daß die Verteilung nicht ungerecht sei, die Einschränkungen aber doch.

2 Interventionsplanung

Da Hoffnungslosigkeit mit der Wahrnehmung der erlebten Einschränkungen als dauerhaft zusammenhängt, könnte man einer solchen Einschätzung entgegenzuwirken versuchen. Da negative Gefühle gegenüber dem Partner oder der Partnerin mit Ungerechtigkeitserlebnissen, Schuldvorwürfen an den anderen, Einschränkungserlebnissen zusammenhängen, könnte man über die Verminderung solcher Erfahrungen versuchen, derartigen Gefühlen und damit der vielzitierten Erosion der Partnerschaft nach der Geburt des ersten Kindes vorzubeugen. Daneben könnte eine bewußte Einflußnahme auf die oben versammelten erleichternden und erschwerenden Bedingungen versucht werden, sofern dies in unserer Macht steht - eine Abhilfe beispielsweise beim Familieneinkommen, welches angesichts von 800 000 DM durch ein Kind verursachte Kosten bis zum 18. Lebensjahr leicht zur Dauerbelastung werden kann (vgl. Schneewind & Sierwald, 1999; Schneider & Rost, 1999) bleibt der Politik überlassen. Einer direkten Intervention ebenfalls nicht zugänglich sind die Risikofaktoren einer ungeplanten Schwangerschaft, einer kurzen Partnerschaftsdauer, eines niedrigen Lebensalters, eines niedrigen Sozialstatus. Hier bleiben nur Möglichkeiten der indirekten Intervention, von denen man sich stützende und stabilisierende Effekte versprechen kann.

Direkte Interventionsmöglichkeiten im Sinne einer Veränderung der Bedingung selbst sind bei all den anderen genannten Risikofaktoren denkbar: Lebensereignisse und andere größere Veränderungen lassen sich verschieben, sofern sie absehbar sind, etwa ein Umzug, ein Umbau, ein Stellenwechsel, ein Examen, um damit eine Entzerrung der auftretenden Umstellungsanforderungen zu erreichen. Soziale Ressourcen und Unterstützung könnte man initiieren, Erwartungsverletzungen zumindest teilweise durch Informationen und Vorbereitung vorbeugen. Zur Verbesserung der Partnerschaftsqualität gibt es verschiedene Kurse, die sich auch als effektiv erwiesen haben, sie werden später besprochen werden. Wertvorstellungen können zumindest flexibilisiert werden. Auch an den Persönlichkeitsmerkmalen könnte man ansetzen, Selbstbehauptung, Selbstkritik, soziale Fertigkeiten, Umbewertung, Beziehungskompetenz und Einfühlungsvermögen lassen sich trainieren, Verletzbarkeit abbauen.

In einem Prozeßmodell des psychologischen Handelns (Montada, 1995) ist damit die Problem- und Bedingungsanalyse erarbeitet, wir haben eine Entwicklungs- und Störungsprognose, grobe Ziele sind gesteckt. Bevor diese nun im einzelnen aufgefächert werden, sind Überlegungen über mögliche Mittel und Wege anzustellen. Unser Interventionsarsenal läßt sich nach dem *Interventionszeitpunkt* ordnen in optimierende, präventive, korrektive und rehabilitative Maßnahmen (Montada, 1995). Wenn wir einer ungünstigen Entwicklung junger Eltern nach der Geburt ihres ersten Kindes vorbeugen wollen, bedeutet dies die Entscheidung für ein *präventives Vorgehen*. Ein korrektives oder rehabilitatives Vorgehen würde hingegen erst ansetzen, wenn eine Störung bereits eingetreten ist - auch dies ist häufig notwendig und sinnvoll. Indes gibt es für ein präventives Vorgehen noch weitere Argumente vor allem praktischer Art: Die Einschränkungen, mit denen erstmalige Eltern konfrontiert sind, formieren sich zu drastisch eingeschränkten Kommunikationsbedingungen der Partner (Worthington & Buston, 1987). Da man das Kind nicht alleine lassen kann, hat man es entweder bei sich, was häufige Unterbrechungen und Aufmerksamkeitsverlagerungen bedeutet, oder man muß seine Versorgung durch eine dritte Person sicherstellen, was zumindest organisatorischen, häufig aber auch emotionalen und finanziellen Aufwand bedeutet. Wenn man also mit einer Intervention *nach der Geburt des Kindes* (und dann möglicherweise schon nicht mehr präventiv) ein Paar oder Paare erreichen möchte, hat man mit diesem praktischen Problem zu kämpfen. Mit einer präventiven Intervention vor der Geburt des Kindes läßt sich dieses Problem umgehen, wobei nicht verschwiegen werden soll, daß man sich damit ein anderes Problem einhandelt: Werdende Eltern unterscheiden sich von Eltern durch ein deutlich geringeres Problembewußtsein und sind infolgedessen weniger zu einer Kursteilnahme bereit.

Nach ihrem Anliegen läßt sich unsere Intervention als *Entwicklungsberatung* klassifizieren, als „methodisch fundierte Hilfe bei der Vorbereitung entwicklungsbezogener Entscheidungen und beim Aufbau von personalen Entwicklungsorientierungen. Grundanliegen von Entwicklungsberatung ist die Verhinderung und Bewältigung von Entwicklungsproblemen auf verschiedenen Stufen der Lebensspanne." Entwicklungsprobleme liegen vor, „wenn bestimmte Entwicklungsstandards - etwa altersspezifische, funktions- oder bereichsspezifische Entwicklungnormen, Entwicklungsziele und Entwicklungsaufgaben ... - nicht bzw. nicht innerhalb bestimmter Zeitabschnitte erreicht werden" oder „das Erreichen eines Entwicklungsstandards mit unerwünschten Aus- und Nebenwirkungen verbunden ist" (Brandtstädter, 1985, S. 1-2). Sie entstehen durch Diskrepanzen zwischen individuellen Entwicklungszielen, individuellen Entwicklungspotentialen, äußeren Entwicklungsforderungen und äußeren Entwicklungsangeboten. Entwicklungsberaterische Hilfe ist folglich angezeigt bei „manifesten oder vorherzusehenden Orientierungsproblemen, in Situationen also, wo neue Entwicklungsorientierungen (entwicklungsbezogene Ziele, Überzeugungen usf.) aufgebaut oder schon aufgebaute Orientierungen revidiert werden müssen, weil sie sich z.B. als ineffizient oder konfliktrelevant erwiesen haben." (Brandtstädter, 1985, S. 8).

Neben dem Interventionszeitpunkt und dem Interventionsansatzpunkt stehen *Interventionsformen* zur Diskussion: Wir können mit Einzelpersonen, mit einem Einzelpaar oder einer Gruppe arbeiten. Die *Gruppe* bietet bei unserem Vorhaben einige Vorteile: Sie ermöglicht den Austausch zwischen den Teilnehmerinnen und Teilnehmern, stellt Modelle und Möglichkeiten für die Einordnung der eigenen Kompetenzen, eine Vielfalt von Lebensentwürfen und Bewältigungsbemühungen mag die eigenen Entwürfe und Bemühungen relativieren und anderes mehr. Schließlich kann man sich in einer Gruppe gegenseitig unterstützen und so erste Schritte aus der oben als problematisch beschriebenen Isolation versuchen.

2.1 Ziele: Einschränkungen als veränderbar wahrnehmen, Ungerechtigkeitserlebnisse reduzieren, Verteilungen optimieren und akzeptieren, Belastungen vermindern

Wo setzt man im Einzelnen an? Eine psychologische Lösung könnte der Wahrnehmung von Einschränkungen als dauerhaft entgegenzuwirken suchen. Dies sollte möglich sein durch das Aufzeigen von unterschiedlichen Aufgabenverteilungen, die mit spezifischen Einschränkungen und Gewinnen einhergehen. Wenn es gelänge, eine Sicht von Aufgabenverteilungen als zumindest teilweise selbst wählbar zu vermitteln, dürfte auch die Konsequenz der zumindest teilweise veränderbaren Einschränkung einsichtig gemacht werden können. Mit einer solchen Sichtweise sollte eine Sicht der erlebten Einschränkungen als zukünftig stabil eher nicht kompatibel sein, womit dem Empfinden von Hoffnungslosigkeit und einer reduzierten Partnerschaftszufriedenheit entgegengewirkt sein könnte.

Daneben könnte man der Erfahrung von Ungerechtigkeit vorzubeugen suchen, von Schuldzuschreibungen, von Einschränkungen, damit einhergehenden negativen Emotionen und einer entsprechenden Verminderung der Partnerschaftszufriedenheit. Dies ist auf verschiedenen Wegen möglich: Einmal kann man sich zum Ziel setzen, es gar nicht zu ungerechten Verteilungen und Schuldvorwürfen kommen zu lassen, oder zumindest zu weniger ungerechten Verteilungen und weniger Schuldvorwürfen. Das könnte man erreichen, indem man die werdenden Eltern anleitet, über ihre zukünftigen Verteilungen nachzudenken und ihre Verteilungsentscheidungen zu beidseitiger Zufriedenheit gemeinsam zu treffen - was, wie die einschlägige Forschung zeigt, überhaupt nicht selbstverständlich ist. Selbstverständlich sind vielmehr eine Vielzahl von unausgesprochenen, vagen und unrealistischen Annahmen auf beiden Seiten, die zu den beschriebenen problematischen Entwicklungsverläufen nach der Geburt des Kindes in erheblichem Maße beitragen.

Oft sind indes Verteilungsentscheidungen zu beidseitiger Zufriedenheit nicht möglich, oder sie sind vorab nicht möglich, beispielsweise weil es zu viele Unwägbarkeiten gibt. In diesem Fall könnte in einem weiteren Schritt versucht werden, unglücklich ausgefallene Verteilungen zu optimieren, sie auszugleichen, oder sie doch wenigstens verstehbar und akzeptabler zu machen.

Darüber hinaus sollten schließlich Belastungen vermieden werden. Wo dies nicht möglich ist, sollten sie zumindest in ihrer Wirkung abzuschwächen versucht werden.

2.2 Mittel: Information, Kommunikation, Emotionskontrolle, Verhandeln

Zur Erreichung dieser Ziele brauchen die werdenden Eltern *Informationen*, um ihr Leben nach der Geburt ihres Kindes antizipieren und planen zu können. Sie brauchen Informationen über *Belastungsfaktoren* und Anleitung zur Reflexion darüber, wie sie selbst Belastungen vermeiden oder gering halten können. Sie brauchen *Kommunikationsfertigkeiten* und *Techniken des konstruktiven Umgangs mit negativen Gefühlen*, um unglücklich ausgefallene Verteilungen zu einem guten Ende bringen zu können, und schließlich *Konfliktlösungstechniken* zur Verhandlung anderer, bestenfalls besserer Verteilungen.

2.2.1 Baustein 1: Lebensveränderungen

Informationen über die anstehenden Lebensveränderungen sollen eine bessere Planung ermöglichen und unangenehme Überraschungen so weit wie möglich zu vermeiden helfen. Werdende Eltern neigen in teilweise so starkem Ausmaß zu idealisierten Vorstellungen über das Leben mit einem Säugling, daß man vermuten kann, daß diese Illusionen protektive Effekte haben. Wenn dies so wäre, würde man Verteidigungsreaktionen riskieren, wenn man ein realistischeres Bild zu vermitteln suchte: Wer die Illusion zur eigenen Sicherheit braucht, wird sie nicht ohne weiteres ersatzlos aufgeben mögen. Der Ersatz, den wir anbieten können, sollte in erster Linie in der Sicherheit bestehen, daß der bevorstehende Übergang bewältigbar ist. Diese Sicherheit sollte untermauert werden durch möglichst konkrete Vorstellungen von den anstehenden Lebensveränderungen sowie einer vorwegnehmenden Bewältigung. Im ersten Schritt wäre also behutsam in die anstehenden Veränderungen einzuführen, im zweiten dann zu vermitteln, daß man das Leben mit dem neuen Familienmitglied zumindest zu einem Gutteil selbst gestalten kann, und in einem weiteren Schritt schließlich zu reflektieren, wie diese Gestaltung bei einem selbst aussehen könnte. Dieses Thema wird dann im weiteren Verlauf durchgängig den Inhalt darstellen, an dem die spezifischen Fertigkeiten eingeübt werden.

2.2.1.1 Theorie

Nicht alle werdenden Eltern scheinen die Vorstellung zu teilen, daß mit dem Hinzukommen des neuen Familienmitglieds auch Verluste und Einschränkungen verbunden sein könnten: Immerhin ein Viertel der Frauen und ein Fünftel der Männer sagen im dritten Monat der ersten Elternschaft, daß sie die erlebten Einschränkungen nicht erwartet haben. Werden die Einschränkungen dem Partner oder der Partnerin angelastet, werden Ärger, Enttäuschung, Empörung über ihn oder sie empfunden, und dies hängt mit einer geringeren Partnerschaftszufriedenheit zusammen (Reichle, 1994a). Die Unerwartetheit von Einschränkungen führt bei Frauen zu vermehrtem Rückzug vom Partner und einer weiter verminderten Partnerschaftszufriedenheit (Reichle & Montada, 1999). Im fünften Monat nach der Geburt des Kindes hängt eine verminderte Partnerschaftszufriedenheit auch mit Hoffnungslosigkeit zusammen, und diese wiederum mit einer Sichtweise der erfahrenen Einschränkungen als zukünftig stabil. Es gibt also gute Gründe, werdenden Eltern Informationen über die anstehenden Lebensveränderungen anzubieten und sie zu animieren, über die Gestaltungsmöglichkeiten nachzudenken, die sie haben.

Gestaltungsmöglichkeiten bestehen vor allem in der Aufgabenverteilung, die ein Paar nach der Geburt des ersten Kindes realisiert: Die neue Aufgabe der Versorgung des Kindes muß im bisherigen Aufgabenbudget untergebracht und integriert werden. Da diese Aufgabe sehr umfänglich ist (zumindest im ersten Lebensjahr umfänglicher als die Erwerbstätigkeit der Frau, die in der Regel gegen die Versorgungsaufgabe eingetauscht wird), muß bei anderen Aufgaben Zeit und Energie zur Erfüllung der neuen Aufgabe geschaffen werden. Zusätzlich zur Erwerbstätigkeit der Frau reduzieren die meisten jungen Eltern wie oben berichtet ihre Freizeit, die Zeit mit dem Partner oder der Partnerin, die jungen Väter auch ihre Beteiligung am Haushalt. Da mit den nun nicht mehr oder nur noch vermindert erfüllten Aufgaben regelmäßig Bedürfnisse erfüllt wurden, handeln sich die jungen Eltern mit einer solchen Aufgabenreduktion Einschränkungen in der Erfüllung bisher erfüllter Bedürfnisse ein: Man geht weniger aus, schränkt die Hobbys ein, kommt beruflich nicht mehr so rasch weiter, usw. Bei den meisten jungen Eltern scheint diese Umverteilung eher ungeplant zu verlaufen, und entsprechend groß ist das Potential für negative Gefühle über die neue Verteilung, die dann auch Effekte auf die Partnerschaftzufriedenheit haben können. Eine bewußte Aushandlung und Entscheidung *vor* der Verteilung sollte hingegen die Wahrscheinlichkeit für solche Gefühle vermindern.

2.2.1.2 Ziele

Die werdenden Eltern sollen die anstehenden Lebensveränderungen als Bereicherungen und als Anforderungen erfassen. Die Anforderungen sollen konkretisiert werden: Das Kind muß versorgt werden (neue Aufgabe), Zeit und Energie für diese Aufgabe muß durch Reduktion anderer Aufgaben geschaffen werden (Umverteilung alter Aufgaben, Aufgeben alter Aufgaben). Nicht zuletzt durch das in der Gruppe vorhandene Spektrum soll vermittelt werden, daß Gestaltungsspielraum für die neue Aufgabenverteilung besteht. Die Partner sollen ihre Vorstellungen austauschen und zu einem ersten Versuch einer Verteilungsplanung angeleitet werden.

2.2.1.3 Umsetzung

Zu Beginn steht eine Kennenlern-Übung, in der sich die Teilnehmerinnen und Teilnehmer gegenseitig interviewen und vorstellen sollen. In diesen Interviews sollen auch Erwartungen und Wünsche an den Kurs thematisiert werden.

Anschließend wird anhand zweier Briefe von jungen Eltern in das Thema „Lebensveränderungen" eingeführt. Den Teilnehmerinnen und Teilnehmern wird sodann Gelegenheit gegeben, ihre eigenen Vorstellungen der anstehenden Lebensveränderungen vorzutragen. Im Rahmen dieses Austauschs können auch Informationsfragen gesammelt werden - Antworten sollen vorerst nur soweit gegeben werden, als sie für die Bearbeitung der nächsten Aufgabe (Einteilung des Zeitkuchens) notwendig sind.

Danach wird das Zeitkuchen-Modell eingeführt und die wechselseitigen Abhängigkeitsbeziehungen zwischen Aufgabenreduktionen und Aufgabenverbreiterungen, zwischen dem eigenen und dem Zeitkuchen des Partners, zwischen Aufgaben und Bedürfniserfüllungen erarbeitet. Es folgt ein erster Anwendungsversuch anhand der Einteilung eines normalen Wochentags aus der kinderlosen Zeit (damit später die Veränderungen von der kinderlosen Zeit zur Elternschaft deutlich werden). Es folgt dann eine Antizipation der Aufgabenverteilung nach der Geburt des Kindes an einem normalen Wochentag (diese Vorstellung hat sich als leichter anzustellen erwiesen als Durchschnittsvorstellungen, außerdem besteht bei dieser Spezifizierung dann später die Möglichkeit, bei Irritationen infolge einer unerwarteten Einteilung des Partners das Wochenende als Gegengewicht einzusetzen), die dann mit dem Partner bzw. der Partnerin ausgetauscht und besprochen wird, bevor sie im Plenum zur Vorstellung kommt. In dieser Vorstellungsrunde soll deutlich werden, daß es verschiedene Lebensentwürfe und entsprechend verschiedene Aufgabenverteilungen gibt. Als „Hausaufgabe" sollen die Teilnehmerinnen und Teilnehmer versuchen, paarweise gemeinsam eine realistische Aufgabenverteilung vorzunehmen.

2.2.2 Baustein 2: Partnerschaftliche Kommunikation („Gute Gesprächsführung")

Gute Kommunikationsfertigkeiten sind eine wesentliche Voraussetzung für einen konstruktiven Umgang mit konfliktträchtigen Situationen. Eine Verhandlung zwischen Partnern über eine vorzunehmende Verteilung beispielsweise von Hausarbeit und Kinderversorgung wird besser gelingen, wenn beide Partner grundlegende Kommunikationsfertigkeiten beherrschen, mit denen sie sich einander verständlich machen können. Der Baustein „Partnerschaftliche Kommunikation" („Gute Gesprächsführung") bildet deshalb den Anfang der im Kurs vermittelten Techniken.

2.2.2.1 Theorie

Eine gelungene Kommunikation zeichnet sich dadurch aus, daß die Wirkung einer Botschaft beim Zuhörer der Absicht des Sprechers entspricht. Zur Erreichung dieses Ziels haben sich Kommunikationsfertigkeiten als hilfreich erwiesen, die insbesondere eine „Negativ-Kommunikation" wie Vorwürfe und Rückzug vermeiden helfen sollen: Vorwürfe und Rückzug sind längerfristig gefährlich für Paarbeziehungen. Solche Kommunikationsfertigkeiten sowie entsprechende Übungen enthalten unter anderem die Programme von Schindler, Hahlweg und Revenstorf (1980, 1982) sowie Schulz von Thun (1981). Im Einzelnen:

Ein guter Sprecher zeichnet sich durch die Beherrschung folgender Fähigkeiten aus:

1. Ich-Gebrauch: Mitteilen von eigenen Gedanken und Gefühlen

2. Konkrete Anlässe, keine Verallgemeinerungen

3. Konkretes Verhalten in aktuellen, konkreten Situationen (keine Rückgriffe auf zurückliegendes Verhalten des Partners)

4. Hier und Jetzt, beim aktuellen Thema bleiben

5. Sich-Öffnen als direkte Äußerung von inneren Vorgängen, Gedanken, Gefühlen.

Ein guter Zuhörer zeichnet sich durch die Beherrschung folgender Fähigkeiten aus:

1. Aufmerksames Zuhören
2. Paraphrasieren, Verständnisrückmeldung in eigenen Worten
3. Offene Fragen bei Unklarheit
4. Positive Rückmeldung für Einhaltung der Sprecherregeln
5. Rückmeldung des eigenen Gefühls.

Im oben geschilderten Zwangsprozeß kommt es durch negative Äußerungen zu einer Spirale von zunehmend stärkeren Bestrafungen der Partner und einer Destabilisierung der Beziehung. Das positive Spiegelbild ist aus lerntheoretischer Sicht eine zunehmende positive Bekräftigung der Partner und damit eine Stabilisierung der Beziehung. Damit stellt diese Fähigkeit zu „positiver Reziprozität" (Hahlweg, Schindler & Revenstorf, 1982) eine weitere Grundfertigkeit partnerschaftlicher Kommunikation dar.

2.2.2.2 Ziele

Es soll eine Einsicht in die Notwendigkeit und Nützlichkeit von Kommunikationsregeln angeregt werden. Danach sollen grundlegende Kommunikationsfertigkeiten zuerst erarbeitet und danach eingeübt werden. Zur Erleichterung dieser Aufgabe soll eine entspannte, positive Atmosphäre induziert werden mittels einer Übung, die die Paare später auch im Alltag zur Stimmungsregulation und Initiierung „positiver Reziprozität" einsetzen können.

2.2.2.3 Umsetzung

Im Anschluß an die mitunter ernüchternde Übung zur Einteilung des „Zeitkuchens" nach der Geburt des ersten Kindes soll zur allgemeinen Lockerung der Atmosphäre und als eventuell erforderliches Gegengewicht zu entsprechenden Mißempfindungen eine einfache Übung zur „positiven Reziprozität" durchgeführt werden. In dieser Übung werden ausschließlich die positiven Seiten der Partnerschaft fokussiert, indem die Teilnehmer fünf positive Seiten der Partnerin bzw. des Partners nennen. Die positive Wirkung der Übung soll genutzt werden, den Teilnehmern den bewußten Einsatz der Wahrnehmung derartiger „positiver Gegengewichte" zu empfehlen.

Zur Vorbereitung der Vermittlung von Kommunikationsfertigkeiten wird ein fiktiver Dialog vorgegeben, der einige typische Kommunikationsschwächen enthält. Diese sollen in einer Besprechung herausgearbeitet und damit eine erste Einsicht in die Notwendigkeit von Kommunikationsregeln gefördert werden. Nach einer Einführung in die fünf Sprecherregeln (s.o.) soll der Dialog den Regeln entsprechend umformuliert und damit die Regeln eine erste Anwendung erfahren. Danach soll in einer Übung zum Zuhören die Wichtigkeit des aufmerksamen und aktiven Zuhörens verdeutlicht werden. Anschließend werden die fünf Zuhörerregeln eingeführt. Zur Weiterführung sollen die Teilnehmer zu Hause gemeinsam mit ihren Partnern an einem potentiellen Konfliktthema mit festgelegten Pro- und Contra-Rollen alle zehn Fertigkeiten anzuwenden versuchen.

Das Ende dieses Blocks und damit des ersten Kurstags bildet eine Rückmeldungsrunde sowie die „Hausaufgaben": Die gemeinsame Erstellung des Zeitkuchens, Erproben der Gesprächsregeln am Pro- und Contra-Thema, eine Situation merken, in der man heftigen Ärger empfunden hat.

2.2.3 Baustein 3: Emotionskontrolle ("Umgang mit schlechten Gefühlen")

Nachdem sich Ungerechtigkeitserlebnisse in Kombination mit Schuldvorwürfen an den Partner sowie Ärger, Enttäuschung und Empörung über den Partner und Rückzug als die stärksten Risikofaktoren für die Partnerschaftszufriedenheit sowie den Partnerschaftsbestand erwiesen haben, ist eine Unterweisung im konstruktiven Umgang mit derartigen Gedanken und Gefühlen das Kernstück des Kurses. Den konstruktiven Umgang mit negativen Gefühlen haben vor allem *Ärgerkontrollprogramme* zu vermitteln gesucht (z.B. Novaco, 1975). Das hier gewählte Vorgehen fußt überwiegend auf dem Ansatz Leo Montadas, bei dem die gedankliche Analyse des Ärgers und die Entwicklung alternativer Sichtweisen im Vordergrund stehen (Montada, 1989a; 1989b). Es wird ergänzt durch Entspannungstechniken und eskalationsvermeidende Krisenanweisungen (in Anlehnung an die „Krisenbewältigung" bei Hahlweg, Schindler & Revenstorf, 1982).

2.2.3.1 Theorie

Ärger entsteht unter folgenden Bedingungen (Montada, 1989b, S. 3):

1. Eine subjektiv erlebte Verletzung oder Bedrohung eigener Ansprüche wird erlebt.
2. Eine Verantwortlichkeitszuschreibung für diese Anspruchsverletzung oder -bedrohung an andere Personen oder eine andere Person wird vorgenommen.
3. Es werden keine Rechtfertigungsgründe für deren Verhalten erkannt oder anerkannt.
4. Bestehende negative Vorurteile können Ärger intensivieren.

Ärger wird meist eine energetisierende Funktion zugeschrieben, er nimmt Angst und schafft Energie zur Durchsetzung eigener Ansprüche. Wenn man bei Ärger eine Pulsbeschleunigung spürt, Sensationen im Hals, im Magen, Anspannung, dann ist dies die körperliche Vorbereitung für eine solche Durchsetzungsreaktion.

Daneben hat Ärger eine sozial regulative Funktion: Der Ausdruck von Ärger signalisiert demjenigen, der den Ärger ausgelöst hat, daß er eine Grenzverletzung begangen hat, die korrigiert werden sollte. Mögliche Korrekturversuche sind eine Leugnung des Schadens, eine Erklärung, daß man für den Schaden nicht verantwortlich ist, eine Rechtfertigung (man hat den Schaden zu verantworten, hat aber gute Gründe dafür, daß man ihn nicht vermieden hat), die Bitte um Entschuldigung. Ärgerausdruck und Korrekturversuche können zwar den entstandenen „Schaden" zurechtrücken, klären, haben jedoch oft unerwünschte Nebenwirkungen (z.B. Averill, 1982; Montada, 1989b). Zu diesen Nebenwirkungen gehören kurz- und langfristige Klimaverschlechterungen, denn ärgerliches Handeln kann provozieren und Aggressionen auslösen. Daneben verengt Ärger die Wahrnehmung und das Handlungsrepertoire, so daß im Ärger vollzogene Aktionen später, bei gelassenerer Betrachtung häufig bedauert werden, wenn man bessere Alternativen zu sehen in der Lage ist. Schließlich kann Ärger, besonders wenn er nicht ausgedrückt wird, zu psychosomatischen Störungen beitragen.

Damit gibt es gute Gründe für einen konstruktiven Umgang mit Ärger, bei dem der Ärger nicht unterdrückt, sondern angemessen ausgedrückt wird. Eine Möglichkeit, einen solchen Umgang zu erreichen ist eine Ärgeranalyse mit dem Ziel, alternative Sichtweisen zu sammeln, darunter vor allem auch solche, die *nicht* zu Ärger führen. Am Ende dieser Analyse wird meist die Einsicht stehen, daß der Ärger nicht zwangsläufig und nicht die einzige Reaktionsmöglichkeit auf die kritische Situation ist. Damit soll dann aber die Auseinandersetzung nicht beendet werden, sondern lediglich die Voraussetzung für einen sachlichen, konstruktiven Austausch über die kritische Situation geschaffen sein (was dann Thema des nächsten

Bausteins ist). Eine Ärgeranalyse setzt sinnvollerweise an den einzelnen Bedingungen des Ärgers an und kann dementsprechend in den folgenden Schritten vorgenommen werden (Montada, 1989b):

1. Analyse des Situation: Durch eine möglichst sachliche, nicht bewertende Beschreibung der Situation, die den Ärger ausgelöst hat, kann man sich mögliche Bedingungen des Ärgers bewußt machen. Diese Bedingungen werden bei einem selbst liegen und in der Situation. Eine sachliche Beschreibung ist die Voraussetzung für alternative Sichtweisen, die häufig ebenso plausibel sind wie diejenige, die zu Ärger geführt hat.

2. Analyse des verletzten Anspruchs: Herausarbeitung, welcher Anspruch verletzt oder bedroht ist. Untersuchung, ob der Anspruch tatsächlich eindeutig verletzt oder bedroht ist. Untersuchung der Berechtigung des Anspruchs. Untersuchung der Begründung des Anspruchs (Begründungen aus moralischen Normen, Gerechtigkeitsnormen, Rechtsnormen, formalen positionalen Normen, überlieferten informellen Regeln wie z.B. Höflichkeit).

3. Analyse der Verantwortlichkeit: Ist die Person, über die man sich ärgert, wirklich verantwortlich? Verantwortlichkeit hat folgende Voraussetzungen (vgl. Reichle, 1994b):

- Verursachung (besteht zwischen dem Tun oder Lassen der Person und dem entstandenen „Schaden" ein Zusammenhang?)
- Handlungsfreiheit (hätte die Person anders handeln können?)
- Absehen des „Schadens" durch die andere Person (hat die Person abgesehen, daß ihr Handeln zu dem „Schaden" führt?)
- Schadensabsicht oder wenigstens billigende Inkaufnahme des „Schadens" (hat die Person den „Schaden" gewollt, hat sie ihn in Kauf genommen?).

4. Prüfung von Rechtfertigungen: Die Anerkennung von Rechtfertigungen verringert zwar nicht die Verantwortlichkeit, aber die Schuld. Die Person, über die man sich ärgert, kann verantwortlich sein, also den „Schaden" verursacht haben, mit alternativen Handlungsmöglichkeiten, ihn abgesehen haben, ihn billigend in Kauf genommen haben. Sie kann aber Rechtfertigungsgründe haben für ihr Tun - andere Gründe, Motive - die man als „Geschädigter" billigen kann (hatte die Person gute Gründe, akzeptable Motive für ihr Tun?).

5. Analyse der Vorurteile: Negative Vorurteile über die Person, über die man sich ärgert, oder über die Gruppe, der diese Person angehört („typisch Mann!"), tragen meist zu einer Verstärkung des Ärgers bei. Eine Untersuchung solcher Vorurteile ist somit ebenfalls geeignet, Ärger zu reduzieren.

Die oben bereits erwähnte energetisierende Funktion von Ärger kann einem konstruktiven Umgang mit Ärger abträglich sein. Ärger geht mit Spannung, Anspannung einher. Aus diesem Grund üben etliche Ärgerbewältigungstrainings zusätzlich zu einer gedanklichen Analyse Entspannungstechniken ein. Novaco (1975) setzt Entspannungstechniken ein, um zu einem klaren Kopf für die Ärgeranalyse zu verhelfen. Mitunter ist sogar der pure Einsatz von Entspannungstechniken effektiv: Ärger und Entspannung sind nicht kompatibel.

Schließlich gibt es Situationen, in denen die Emotionsintensität so stark ist, daß weder Entspannung noch kognitive Analyse aussichtsreich erscheinen. In diesen Situationen ist es angezeigt, sich abzulenken und dem Ärger zuerst einmal ein Moratorium zu verordnen. Zu diesem Zweck mag es sinnvoll sein, eine Selbstinstruktion in verschiedene Ablenkungsmanöver sowie zur Spannungsabfuhr einzuüben, die man dann in kritischen Situationen abrufen kann.

2.2.3.2 Ziele

Als Vorbedingung für eine Ärgerkontrolle sollen die Beeinflußbarkeit und Steuerbarkeit von Ärger erfahren werden. Die kognitiven Komponenten von Ärger sollen vermittelt werden und sodann in einer Ärgeranalyse angewendet werden. Zwei Entspannungsübungen sollen erlernt und durchgeführt werden, um (1) die Ärgeranalyse zu erleichtern, (2) zu demonstrieren, daß Entspannung sich positiv auf Ärgerdämpfung auswirken kann, und (3) später im Alltag zu diesem Zweck eingesetzt zu werden (angeboten werden eine kurze und eine längere Übung, um verschiedenen Alltagsbedingungen gerecht zu werden). Schließlich sollen die Grenzen einer kognitiven und entspannungsinduzierten Ärgerbewältigung diskutiert und individuell festgelegt werden sowie ein Maßnahmenkatalog für solche „Notfälle" eingeführt sowie ggf. individuell ergänzt werden.

2.2.3.3 Umsetzung

Die Vermittlung der Ärgerkomponenten und die anschließende Anwendung in der Ärgeranalyse wird anhand einer prototypischen Ärgersituation vorbereitet, deren Ausgang bewußt offen gehalten ist, um der Erfindung von Reaktionsalternativen möglichst wenig Grenzen zu setzen. Damit soll die Erfahrung ermöglicht werden, daß Ärger nicht zwangsläufig, sondern häufig durch eine bestimmte Sichtweise „selbstgemacht" ist, zu der es Alternativen gibt. Beschrieben wird eine Situation, in der die Mutter eines kleinen Kindes (Gabi) zu spät nach Hause kommt, wodurch der lange geplante gemeinsame Kinobesuch mit ihrem Mann Werner ausfällt. Durch Unterbrechungen der Geschichte wird den Teilnehmerinnen und Teilnehmern Gelegenheit gegeben, unterschiedliche Reaktionen zu erfinden. Ein Austausch der notierten Reaktionen in der Gruppe trägt meist zu einer Vergrößerung des Reaktionsspektrums bei. Herausgearbeitet werden sollen die positiven (Energetisierung, Hinweis auf den verletzten Anspruch) und die negativen Funktionen von Ärger (Verhinderung einer konstruktiven Reaktion, Wahrnehmungs- und Reaktionseinschränkung, Klimaverschlechterung, negative Eskalation), die Möglichkeit der Wahl alternativer Reaktionen und deren Konsequenzen.

Es schließt sich eine ärgerbezogene Entspannungsübung an (adaptiert nach Wendtland, 1992), bei der die Teilnehmerinnen und Teilnehmer nach einer einfachen Ärger-Imagination den Effekt einer Entspannungsübung erfahren sollen.

Sodann wird die Technik der Ärgeranalyse dargelegt, die sich unmittelbar aus den zuvor vermittelten Ärgerkomponenten ableiten läßt. Anhand der als „Hausaufgabe" mitgebrachten Ärgergeschichte werden danach in Kleingruppen Ärgeranalysen entsprechend dem eingeführten und oben beschriebenen Modell unternommen. Diese Kleingruppen sollten möglichst nicht aus Paaren bestehen - mitunter kommt in solchen Ärgergeschichten der Partner oder die Partnerin vor, und dies kann die Übung erschweren. Im nachfolgenden Plenum kann zur weiteren Vertiefung eine weitere Ärgergeschichte analysiert werden. Am Ende dieser Sequenz sollte der Hinweis erfolgen, daß die Ärgerkontrolle nicht Selbstzweck, sondern Mittel zum Zweck einer späteren konstruktiven Konfliktbearbeitung ist, die Thema der nächsten Sitzung sein wird.

Anschließend sind die Grenzen der Technik zu erarbeiten, die durch situative Faktoren und eine besondere Emotionsintensität gegeben sein können. Die Teilnehmer und Teilnehmerinnen sollen für sich selbst Schwellenpunkte identifizieren, ab deren Erreichung ihnen persönlich eine kognitive Ärgerbearbeitung in der eingeübten Art nicht mehr möglich erscheint. Danach sind Reaktionsalternativen zur puren Ärgerventilation zu sammeln, indem eine vorbereitete Liste mit „Erkennungsmerkmalen" (für Schwellen, ab denen eine Ärgeranalyse nicht mehr möglich erscheint) und „Notfalltechniken" individuell ergänzt wird.

Den Abschluß bildet eine Einführung in die Technik der Progressiven Muskelentspannung nach Jacobson (1976) anhand einer längeren Übung.

Als „Hausaufgabe" und Vorbereitung der nächsten Sitzung sollen die Teilnehmerinnen und Teilnehmer ein „ungelöstes" Problem mitbringen, das sie miteinander lösen möchten.

2.2.4 Baustein 4: Konstruktive Verhandlungen („Umgang mit Meinungsverschiedenheiten")

Dieser Baustein bildet die Integration der vorhergehenden Bausteine: Konstruktive Verhandlungen zwischen Partnern erfordern eine gelungene Kommunikation und eine verständnisvolle, offene Atmosphäre, die nur schwer möglich ist, wenn man sich über den anderen ärgert. Themen solcher Verhandlungen sollten zweckmäßigerweise die Aushandlung der anstehenden Neuverteilungen sein, um damit das Risiko von unerwarteten und vor allem ungerechten Verteilungen zu verringern.

2.2.4.1 Theorie

Beobachtungsstudien der Kommunikation von Paaren zeigen übereinstimmend, daß sich glückliche und unglückliche Paare kaum in den Inhalten ihrer Konflikte unterscheiden. Markante Unterschiede gibt es jedoch darin, wie mit diesen Konflikten umgegangen wird. Interessant ist nun, daß ein konstruktiver Umgang mit Konflikten nicht nur erlernbar zu sein scheint, sondern auch positive Effekte auf die Partnerschaft hat: In Evaluationsstudien haben sich einige Konfliktbearbeitungstrainings als effektiv erwiesen. Beispielsweise berichten Markman, Renick, Floyd, Stanley & Clements (1993) von weniger Trennungen kurzfristig nach dem Training, positiverer Kommunikation, mehr gegenseitiger Unterstützung und Begründungen, mehr Ausdruck positiver Gefühle, ein höheres Ausmaß von sichtbaren Problemlösefertigkeiten, weniger Gewalt in den Interventionsgruppen im Vergleich zu Kontroll- und Ablehnungsgruppen. Nur bei Männern fand sich eine höhere Partnerschaftszufriedenheit. Die Effekte hielten bis zu vier Jahre nach der Intervention an, danach scheint eine Auffrischung des Trainings angezeigt.

Kooperative Konfliktbearbeitung verfolgt das Ziel einer aktiven und kreativen Problembewältigung durch gleichberechtigte, sich gegenseitig akzeptierende Partner. Im Vordergrund steht weniger die Lösung eines Problems als vielmehr seine Bewältigung. Strukturell kann eine solche kooperative Konfliktbearbeitung einem Problembearbeitungsmodell folgen. Ein solches Modell hat Müller-Fohrbrodt (1999) auf handlungstheoretischer Grundlage erarbeitet. In aufeinanderfolgenden Schritten wird ein „Problem" durchgearbeitet: (1) Einstieg in die Problembearbeitung: Ist die Unzufriedenheit mit einer Situation groß genug für eine Bearbeitung? (2) Sachliche Definition des Problems; (3) Emotionale Definition des Problems; (4) Ursächliche Definition des Problems; (5) Zielsetzung; (6) Perspektivenwechsel: Die Sicht der anderen Beteiligten; (7) Maßnahmen; (8) Ergebnisbewertung.

Eine lerntheoretisch fundierte Umsetzung einer partnerschaftlichen Problembearbeitung sollte vor allem dem Ziel der Erzeugung positiver Reziprozität und der Vermeidung negativer Reaktionen (Sanktionen, Kritik, usw.) verpflichtet sein - es ist also besonderes Augenmerk darauf zu legen, möglichst positive, erwünschte Verhaltensweisen zu erzeugen, die dann bekräftigbar sind, und gleichzeitig die Wahrscheinlichkeit für das Auftreten unerwünschter Verhaltensweisen und entsprechender Reaktionen so gering wie möglich zu halten. Das Konfliktbearbeitungsmodell von Hahlweg, Schindler & Revenstorf (1982; in Adaptation eines Modells von Goldfried & Goldfried, 1975) ist diesen Zielen verpflichtet. Nach diesem Modell sollte ein Konfliktgespräch die folgenden vier Schritte umfassen: (1) Problemansprache, Gefühle anläßlich des Problems, (2) Herausarbeiten der Bedürfnisse und Wünsche, (3) Spezifizieren der Änderungswünsche, (4) Gemeinsame Absprachen. Aus der Kombination der beiden ersten Schritte wird eine „das Problem" konstituierende Ist-Soll-Diskrepanz sichtbar werden. In Punkt (3) Spezifizieren der Änderungswünsche geht es um die Formulierung möglichst konkreter positiver Verhaltensweisen (die dann später bekräftigbar sind und somit stabilisiert werden können). Anschließend werden erfüllbare Verhaltenswünsche ausgewählt, Gerechtigkeitsüberlegungen angestellt (sind die Anforderungen gerecht verteilt?) und Abmachungen über die konkrete Ausführung getroffen. Während des Konfliktgesprächs sollen die zuvor eingeübten Kommunikationsfertigkeiten und erforderlichenfalls auch Emotionskontrolltechniken zum Einsatz kommen.

2.2.4.2 Ziele

Ein Konfliktbearbeitungsmodell in vier Schritten soll vermittelt und seine Anwendung eingeübt werden. Bei der Anwendung des Konfliktbearbeitungsmodells sollen die zuvor eingeübten Kommunikationsfertigkeiten und Ärgerkontrolltechniken (soweit erforderlich) angewendet werden. Die Paare sollen die Erfahrung einer gemeinsamen konstruktiven Konfliktbearbeitung machen.

2.2.4.3 Umsetzung

Als Einführung in das Thema wird zu Beginn der Sitzung eine amüsante Streitszene aus einer Filmkomödie (Drei Männer und ein Baby) vorgelesen. In dieser Szene werden Kommunikationsregeln verletzt, es kommt zu Ärger. Anschließend werden die Teilnehmerinnen und Teilnehmer nach ihrer „Diagnose" gefragt und damit die Thematik der Sitzung umrissen.

In einer genaueren Analyse des verschriftlichten Paardialogs vom ersten Kurstag werden sodann Optimierungsmöglichkeiten gesammelt. Am Ende der Sammlung sollte eine Wiederholung der Kommunikationsregeln, der Ärgerkontrolltechniken und möglichst auch bereits die Vorwegnahme einiger Elemente des Konfliktbearbeitungsmodells stehen.

Eine strukturierte und vollständige Einführung des Konfliktbearbeitungsmodells schließt sich an:

1. *Beschreibung des Ist-Zustands: Was stört mich?*

    Sachliche Beschreibung: Wie sieht das Verhalten aus, das mich stört?

    Emotionale Beschreibung: Wie fühle ich mich in der entsprechenden Situation?

    Rollentausch.

2. *Beschreibung des Ideal-Zustands: Was hätte ich am liebsten? Eigene Wünsche und Bedürfnisse ohne Ängste und Rücksichten äußern.*

    Rollentausch.

3. *Konkretisierung des Soll-Zustands (1): Was wünsche ich mir konkret vom anderen?*

    Welches Verhalten wünsche ich mir von meinem Partner, meiner Partnerin, was soll er oder sie tun (nach Möglichkeit nicht: Was soll er oder sie unterlassen)?

    Wann? Wie? Wo? Mit wem? Wie oft?

    Konkretisierung des Soll-Zustands (2): Was kann ich selbst konkret dazu beitragen?

    Wann? Wie? Wo? Mit wem? Wie oft?

    Rollentausch.

4. *Verhandeln, Prüfen, Versprechen: Wer kann wann was tun, ist das gerecht, was wird schließlich getan?*

   Verhandeln: Welche Änderungswünsche sind erfüllbar, welche würden mich überfordern?

   Prüfen: Finde ich das gerecht?

   Versprechen: Was werde ich wann tun?

   Rollentausch.

Es folgt eine Einübung in den Umgang mit der neuen Struktur anhand des Paardialogs, der bereits am ersten Kurstag bearbeitet wurde. In Kleingruppen werden Alternativen ausprobiert und eingeübt, die dann später dem Plenum vorgestellt werden.

Den Abschluß des Konfliktbearbeitungsteils bildet die Arbeit an einem realen Problem in Kleingruppen. Dort wird zuerst kurz das ungelöste Problem umrissen, sodann versucht ein Paar, eine gelungene Problembewältigung zu realisieren.

Anschließend werden die eingeführten Techniken relativiert: Falls Sachlichkeit und konstruktive Einsatzbereitschaft nicht möglich sind, liegt ein „Notfall" vor, für den Bewältigungstechniken gesammelt bzw. vorgestellt werden (abbrechen, vertagen, versöhnen, usw.).

Es folgt eine Atemübung zur (Wieder-)herstellung von Nähe und Entspannung.

2.2.5 Baustein 5: Erleichternde und erschwerende Bedingungen („Umgang mit Belastungen")

Dieser Baustein greift Probleme auf, die den meisten werdenden Eltern bewußter sind als die bisher behandelten, dennoch aber häufig unterschätzt werden. Vermittelt werden soll ein Verständnis von Belastungen als zusätzliche Erschwernisse der anstehenden Umstellungen, der Kommunikation, des Umgangs mit Emotionen und der Konfliktbearbeitung.

2.2.5.1 Theorie

Situative Belastungen und eine problematische Persönlichkeit können die Bewältigung der normalen Umstellungsanforderungen beim Übergang zur Elternschaft erschweren, da sie Zeit und Energie erfordern, die dann bei der Bewältigung der Umstellungsanforderungen fehlen. Eine problematische Persönlichkeit wird sich wohl so auswirken, daß die Umstellung auf die neue Situation mit mehr Reibungsverlusten verläuft - wenn man beispielsweise an eine Person mit dem zuvor genannten Risikomerkmal „hohe Verletzbarkeit" denkt, die gemeinsam mit ihrem Partner nahezu alle ihre Aufgaben neu verteilen muß, kann man sich vorstellen, daß diese Eigenschaft viel mehr Behutsamkeit im Umgang in Form von Kommunikation, Überlegungen, Erklärungen und ähnlichem erfordert als eine schwächere Ausprägung dieser Eigenschaft, eine „geringe Verletzbarkeit".

Die eingangs versammelten Belastungsfaktoren kann man teilweise *umgehen oder verschieben* (z.B. absehbare Lebensereignisse und andere größere Veränderungen). Andere lassen sich durch direkte Intervention *in ihrem Ausmaß reduzieren* (z.B. mangelnde soziale Ressourcen und Unterstützung, Erwartungsverletzungen, divergierende Wertvorstellungen der Partner). In der Persönlichkeit verortete Belastungsfaktoren sind mitunter *einer Intervention zugänglich* (z.B. mangelnde Selbstbehauptung und Selbstkritik, gering entwickelte soziale Fertigkeiten und Umbewertungsfähigkeiten, geringe Beziehungskompetenz und Einfühlungsvermögen sowie hohe Verletzbarkeit), was jedoch den Rahmen des hier vorgelegten Vorhabens sprengen würde und somit einer anderen Intervention vorbehalten bleiben muß.

Invariante oder psychologischen Interventionen nicht zugängliche Belastungen kann man eventuell durch geeignete *Stützmaßnahmen* abzupuffern suchen. Als solche Belastungen wurden eingangs eine ungeplante Schwangerschaft genannt, eine kurze Partnerschaftsdauer, ein niedriges Lebensalter, ein niedriger Sozialstatus, ein geringes Einkommen. Die in unserem Rahmen realisierbaren Stützmaßnahmen sind in erster Linie die Vermittlung von Informationen, Anleitungen zur Planung und vorwegnehmendem Durchspielen erwarteter Probleme.

2.2.5.2 Ziele

Die Wahrnehmung zusätzlicher Belastungen als solche soll geschärft werden. Es soll ein Funktionsmodell zusätzlicher Belastungen als zusätzliche Zeit- und Energieverbraucher vermittelt werden und Strategien des Umgangs mit solchen Belastungen erarbeitet werden (Wahrnehmung, Antizipation von Effekten, Entscheidung über zeitliche Plazierung, Planung von Stützmaßnahmen).

2.2.5.3 Umsetzung

Zu Beginn werden den Teilnehmerinnen und Teilnehmern anhand zweier Fallgeschichten junger Eltern die Effekte unterschiedlich günstiger bzw. ungünstiger Ausgangsbedingungen beim Übergang zur Elternschaft dargelegt. Diese Fallgeschichten enthalten bereits ein Modell des Funktionierens von Belastungen, welches jedoch in diesem Stadium noch nicht thematisiert werden sollte. Das Augenmerk sollte vielmehr auf die unterschiedliche Anzahl und Ausprägung von Belastungsfaktoren bei den beiden Beispielpaaren gelegt werden, um die Wahrnehmung für Belastungen und ihre Effekte zu sensibilisieren.

In einem zweiten Schritt soll von den konkreten Belastungen und Effekten auf ein Funktionsmodell abstrahiert werden (Belastungen als „Stromfresser"). Dieses Modell sollte weitgehend von den Teilnehmerinnen und Teilnehmern selbst erarbeitet werden.

Anschließend werden mögliche Belastungen gesammelt (bevorzugt solche, die man selbst bei sich antizipiert, um die eigene Wahrnehmung zu schärfen und gleichzeitig bereits konkrete Maßnahmen einzuleiten) und Bewältigungsmöglichkeiten anhand folgender Leitfragen erarbeitet: (1) Veränderbar oder nicht? (2) Wenn veränderbar: umgehen oder verschieben? Im Ausmaß reduzieren? (3) Wenn nicht veränderbar: Gibt es Stützmaßnahmen? Welche? (z.B. Information, Planung, vorwegnehmendes Durchspielen).

Am Ende soll dann der Bogen zu den anderen Bausteinen geschlagen werden: Ein kompetenter Umgang mit Belastungsfaktoren ist durch die Planung von Lebensveränderungen, gute Kommunikation, Ärgerbewältigung und Konfliktbearbeitung gekennzeichnet. Eine schriftliche Zusammenfassung der Kursinhalte zum Thema „Umgang mit Belastungen" wird ausgehändigt. Es folgen eine Rückmelderunde, die Anregung, miteinander in Kontakt zu bleiben und die Verabschiedung.

2.3 Vorbereitung und praktische Voraussetzungen

Das Programm verfolgt primär das Ziel einer Stärkung der Partnerschaft von Frau und Mann nach dem Übergang zur Elternschaft und sucht, dies als eine gemeinsame Aufgabe beider Partner umzusetzen. Entsprechend ist die *Zielgruppe Paare vor der Geburt ihres ersten Kindes*. Die Forderung nach einem gemeinsamen Besuch des Kurses ist nicht immer leicht zu realisieren: Zu unseren bisherigen Kursen wurden die Anmeldungen fast ausschließlich von Frauen getätigt und gab es vereinzelt Absagen, weil die Partner nicht mitkommen mochten (oder konnten). Mitunter konnten Partner an Teilen des Kurses nicht teilnehmen, und dies hat sich meist als nicht günstig erwiesen. Paare, die ihr erstes Kind erwarten, haben in der Regel deutlich weniger Problembewußtsein als Paare, die bereits ein Kind haben, oder Paare, bei denen ein Partner schon ein Kind hat, so daß sich häufig Paare zum Kurs anmelden wollen, die bereits Eltern sind. Grundsätzlich ist aber der Kurs für Paare, die bereits Eltern sind, ebenso sinnvoll und nützlich wie für Paare, die die Geburt des ersten Kindes noch vor sich haben. Mit geringen Modifikationen vor allem im Baustein 1 (Lebensveränderungen) ist der Kurs auch für diese Zielgruppe realisierbar. Die Beispiele von Werner Wicki (1998) und Carolyn und Philipp Cowan (1987) zeigen, daß Eltern nach der Geburt ihres ersten Kindes von entsprechenden Angeboten profitieren. Eine Mischung von werdenden Eltern und Eltern in einem Kurs könnte allerdings problematisch sein, so daß Einheitlichkeit in diesem Merkmal empfehlenswert scheint.

Präventive Maßnahmen haben regelmäßig mit einem geringen *Problembewußtsein* der Zielgruppe zu kämpfen. Diese Erfahrung haben wir mit unserem Kurs zur Vorbereitung auf die Elternschaft weitgehend unabhängig von der Institution, die den Kurs angeboten hat (Universität, Beratungsstelle, Familienbildungsstätte) und der zeitlichen Organisation des Kurses (es gab eine Version aus sechs Abenden à 3 Stunden und eine aus drei Samstagvormittagen à 6 Stunden) gemacht. Als günstig hat sich eine Anbindung an eingeführte Geburtsvorbereitungskurse als zusätzliches Angebot erwiesen, aber auch die Empfehlung durch eine Hebamme kann schon einige Schwellen überwinden helfen. Die Paare, die zuerst kommen, haben ein Problembewußtsein, und dieses resultiert häufig aus Problemen, die sie in ihrer Beziehung haben. Die Klientel verändert sich, sobald sich die guten Erfahrungen mit dem Kurs herumsprechen. In diesem Zusammenhang sei auf die besondere Bedeutung hingewiesen, die der Benennung eines solchen Kurses zukommt: Je weniger offensichtlich die Notwendigkeit und je weniger vertraut und konkret die Inhalte eines solchen Kurses, desto mehr Projektionsmöglichkeiten sind gegeben. Wenn man nun den Kurs als Partnerschaftstraining annonciert, werden sich Paare angesprochen fühlen, die vermuten, ein solches Training würde ihnen nützen. Eine Benennung, die auch das Kind mit einbezieht, spricht eine größere Zielgruppe an und zwar an einem Punkt, der für erstmalige Eltern zentral ist.

Die *zeitliche Organisationsform* des vorliegenden Manuals ist ein Blockkurs. Minimal werden 3 halbe Tage à 6 Stunden benötigt. Durch Verlängerung von Pausen und großzügigere Zeitvorgaben bei den einzelnen Bausteinen kann der Kurs leicht auf 7 Stunden pro Block ausgedehnt werden.

Personell hat es sich als günstig erwiesen, den Kurs mit einem gemischtgeschlechtlichen Kursleiterpaar durchzuführen: Geburt und Elternschaft werden gerne als Frauenangelegenheit betrachtet, bei der sich Männer häufig etwas ausgeschlossen fühlen. Eine Ansprache und Einbeziehung gelingt leichter, wenn die Kursdurchführung nicht allein in den Händen einer Kursleiterin liegt. So ist auch gewährleistet, daß „Männerthemen" und „Männersorgen" ebenso Aufmerksamkeit finden wie „Frauenthemen" und „Frauensorgen".

Der Kurs ist aus didaktischen Gründen als Angebot für eine *Gruppe* geplant: Zum einen soll er Bekanntschaften zwischen werdenden Eltern vermitteln und so einer späteren sozialen Isolation entgegenwirken, die von vielen jungen Eltern als problematisch erlebt wird. Zum anderen bietet die Gruppe die Möglichkeit der Veranschaulichung alternativer Lebensentwürfe und damit ein Spektrum von ganz verschiedenen Formen der Alltagsorganisation, welches sich für die Klientel häufig als anregend erwiesen hat. Eine Gruppengröße von minimal 4 und maximal 7 Paaren dürfte einerseits genügend Unterschiedlichkeit zwischen den Teilnehmern und andererseits genügend Zeit für jede einzelne Teilnehmerin und jeden einzelnen Teilnehmer sichern.

An *Räumen* wird minimal ein größerer Gruppenraum, im dem genügend Platz ist, sich bei den Entspannungsübungen frei zu bewegen. Weitere Räume sind nicht zwingend notwendig, es ist jedoch günstig, wenn Ausweichmöglichkeiten für Untergruppen zu Kleingruppenarbeiten sowie zur Verköstigung in den Pausen vorhanden sind. Der Gruppenraum sollte mit einem Tageslichtprojektor, einer Tafel oder einer Flipchart ausgestattet sein.

An *Materialien* werden außer dem Kursleitermanual Kopien der Arbeitsblätter, dicke Filzstifte und Kreppklebeband für die Namensschilder, Overhead-Stifte oder Filzstifte oder Kreide benötigt.

Teil II

Kursmanual

1. Kurstag:
Lebensveränderungen und Kommunikation

Material:

1. Kreppklebeband
2. dicke Filzstifte
3. Bleistifte mit Radiergummis
4. Blätter mit Interviewfragen (Arbeitsblatt 1-3)
5. 4 Zeitkuchen (Durchschnittseinteilung, eigene Paarphase, eigene Elternphase, vier pro Paar) (Arbeitsblatt 4-7)
6. Arbeitsblatt „Fünf Seiten, die ich besonders schätze" (Arbeitsblatt 8)
7. Plakat mit 5 Sprecher-Regeln
8. Plakat mit 5 Zuhörer-Regeln
9. Arbeitsblatt Sprecher-Regeln (Arbeitsblatt 9)
10. Arbeitsblatt Zuhörer-Regeln (Arbeitsblatt 10)
11. Illustrierte
12. Transkript des Paardialogs (Text 1)
13. Hausaufgabenblatt (Arbeitsblatt 11)

Begrüßung und Vorstellung

Ziele:

1. Wechselseitiges Kennenlernen
2. Klärung der Erwartungen und Befürchtungen der Teilnehmerinnen und Teilnehmer, Klärung des Vorbereitungsstandes
3. Informationen zum Kurs: Organisatorisches und Zielsetzungen

Instruktionen:

1. **Kurze Einleitung und Begrüßung**

2. **Gegenseitige Vorstellung:**
   Beginnend mit den Kursleitern stellen sich reihum alle in 2-3 Sätzen vor, schreiben sich Namensschilder mit Filzstift auf Kreppklebeband, bringen diese gut sichtbar an ihrer Kleidung an, geben Stifte und Kreppklebeband weiter.

3. **Interview:**
   Zum Kennenlernen sollen die Teilnehmerinnen und Teilnehmer sich gegenseitig befragen, und zwar

   - die am nächsten sitzende unbekannte Person
   - zur Person (Arbeitsblatt 1)
   - zu den bisherigen Vorbereitungen auf das Kind (Arbeitsblatt 2)

- zu Erwartungen und Befürchtungen bezüglich des Kurses (Arbeitsblatt 3)

- insgesamt 15 Minuten, nach gut 5 Minuten Rollentausch

Verteilung der Utensilien

nach 15 Minuten Gruppe sammeln

Vorstellung der Interviewpartner in 3-4 Sätzen zu jedem der drei Themen

4. **Formalia zum Kurs:**
   - eventuell Videoaufzeichnung (erklären, begründen)

   - Termine und Ablauf (Anfang, Ende, Daten, Pausen, Verköstigung, usw.)

5. **Kursinhalte und Ziele:**
   Vorbereitung auf das Leben mit dem Kind erleichtert die Umstellung und gibt Zeit für sich und das Kind.
   Kennenlernen verschiedener Möglichkeiten und Lebenspläne kann den eigenen Spielraum vergrößern.
   Techniken des Umgang mit neuen und ungewohnten Situationen vermindern den Streß des Ernstfalles.

Baustein 1: Lebensveränderungen

1.1 Einführung

Ziele:

1. Anregung zu Vorstellungen über das Leben nach der Geburt durch Veränderungsberichte
2. Spektrum von möglichen Veränderungen erfahren
3. Aufgabenbereiche als mögliche Veränderungsbereiche erfassen
4. Zusammenhänge zwischen reduzierter Aufgabenerfüllung und Einschränkungen in der Erfüllung von Bedürfnissen erfassen

Instruktionen:

1. Zur **Einführung in die Beschäftigung mit den anstehenden Lebensveränderungen** werden zwei Briefe von Eltern vorgelesen, die diesen Kurs im Jahr 1997 besucht haben.

> *Liebe Frau R., lieber Herr K.,*
> *seit dem 19. Juli sind wir stolze Eltern. Am Ende ging alles viel schneller als erwartet, war dann aber doch Schwerarbeit. Karoline hat alles gut gemeistert. Unsere kleine Clara ist ein richtiges Wunder. Wir sind ganz verliebt in sie, und das ist auch gut so, weil uns das die Kraft gibt, unsere Tage irgendwie über die Runden zu kriegen, obwohl wir dauernd viel zu wenig Schlaf haben. Man macht sich ja vorher keine richtige Vorstellung! Manchmal denke ich, ich könnte auch zu Hause bleiben, so müde wie ich bin. Aber irgendwo muß das Geld ja herkommen. Obwohl Karoline nicht mehr arbeiten geht, läuft der Haushalt total auf Sparflamme. Alles dreht sich um Clärchen. Ich war seit dem Tag vor der Geburt nicht mehr Tennisspielen, und Karoline schläft sofort ein, sobald sie sich mal vor den Fernseher setzt. Zum Glück ist Karolines Mutter auch ganz verliebt in Clärchen, so daß wir doch einige Hilfe haben. Die Familie ist überhaupt die Überraschung. Ich hätte nie gedacht, daß Babys so viel Besuch kriegen! Wenn sich hier die Wogen mal etwas geglättet haben, werden wir Sie mal zu dritt besuchen kommen. Bis dann grüßt Sie herzlich Ihr Fritz H.*

> *Liebe Frau R., lieber Herr B.!*
> *Eigentlich wollte ich schon vor vier Wochen schreiben, als ich Ihnen den Fragebogen zurückgeschickt habe. Aber ich war einfach zu müde! Immerhin habe ich es ja geschafft, den Fragebogen noch rechtzeitig auszufüllen und so hoffe ich, daß Sie es mir verzeihen, daß ich nicht mal einen Gruß draufgeschrieben habe. Sie haben das ja alles auch schon durchgemacht. Hier geht es oft drunter und drüber. Obwohl wir das im Vorbereitungskurs besprochen hatten, hatte ich es mir doch anders vorgestellt. Sie hatten recht, eineinhalb Stellen und ein Baby sind ohne Hilfe nicht zu schaffen. Auch dann nicht, wenn man sich die Arbeitszeiten selbst einteilen kann und auf alle Hobbys verzichtet. Wir hatten gedacht, Thomas arbeitet acht Stunden und ich vier, das macht mit Wegen vierzehn Stunden, da bleiben uns zehn Stunden als Freizeit und zum Schlafen. Am Ende haben wir uns nur noch am Wochenende gesehen und im Flur bei der Ablösung - der eine kam rein, der andere flitzte raus! Dabei gab's dann noch schnell Information zu den „5 W's": Wann wurde Martin zum letzten Mal gefüttert, wann gewickelt, wann hat er wie lange geschlafen, was liegt an Hausarbeit an. Nach einem Monat waren wir so mürbe, daß wir eine Halbtagshilfe eingestellt haben. Das kostet jetzt zwar fast mein ganzes Gehalt, aber anders ging es einfach*

nicht mehr. Frau Becker sorgt für Martin, putzt und bügelt, und die beiden verstehen sich richtig gut. Thomas und ich gehen jetzt beide schon morgens arbeiten und sehen uns dann wenigstens am Abend. Unser Martin ist ein lieber kleiner Kerl, er lacht und quietscht viel und hat Gottseidank seine Dreimonatskoliken überwunden (wir sind so manche Nacht mit ihm durchs Wohnzimmer gewandert!). Ich lege Ihnen ein Foto bei, da können Sie sehen, wie müde wir alle sind! Liebe Grüße, Ihre Petra W.

2. **Aus den Briefen Veränderungen in bisher erfüllten Aufgaben sammeln** Leitfragen:

   „Welche Aufgaben bleiben gleich, welche kommen hinzu, welche werden weniger? Was sind die Folgen, welche Bedürfnisse werden weniger erfüllt, welche mehr?"

   Notieren (Flipchart, Tafel, Tageslichtprojektor) in vier Spalten oder Zeilenblöcken, z.B.:

   Veränderungen im Bereich ...

	Haushalt:	**Erwerbstätigkeit:**	**Freizeit:**	**Partnerschaft:**
führen zu weniger oder mehr ...				
	Eßkultur	eigenem Geld	Schlaf	Zärtlichkeit
	Unordnung	Erfolg	Familienbesuche	Ausgehen
	...	...	...	...

   (Hinter den „Folgen" Platz lassen für spätere Bewertungen mittels Plus- und Minuszeichen.)

3. **Persönliche Bewertungen der bei einem selbst zu erwartenden Veränderungen erfragen** (positive und negative Veränderungen / Gewinne und Einschränkungen in der Erfüllung von Bedürfnissen; hinter die Nennungen als Plus- oder Minuszeichen oder beides notieren).

1.2 Der Zeitkuchen

Ziele:

1. Einführung des Zeitkuchenmodells in abstrakter, zwecks Vereinfachung noch nicht auf die eigenen Verteilungen bezogenen Form:
2. Bewußtmachung der Begrenztheit von Zeitbudgets
3. Erfahren von Abhängigkeitsbeziehungen
4. zwischen den einzelnen Aufgabenbereichen im eigenen Zeitkuchen und
5. zwischen dem eigenen Zeitkuchen und dem des Partners bzw. der Partnerin (Verbreiterungen eines Bereiches erfordern Einschränkungen in anderen Bereichen, Einschränkungen eines Bereichs ermöglichen Verbreiterungen in anderen Bereichen;
6. Einschränkungen eines Bereichs können vom anderen durch entsprechende Verbreiterungen in diesem Bereich kompensiert werden, umgekehrt können Verbreiterungen beim einen zu Einschränkungen beim anderen führen).
7. Veranschaulichung und Bewußtmachung der eigenen derzeitigen Aufgabenverteilung.
8. Konkretisierung eigener Vorstellungen der Aufgabenverteilung nach der Geburt des Kindes.
9. Antizipation von Gewinnen und Einschränkungen in der Erfüllung von Bedürfnissen.
10. Austausch von Vorstellungen mit dem Partner bzw. der Partnerin und in der Gruppe.

Instruktionen:

1. **Einführung des Zeitkuchens als Veranschaulichungsmöglichkeit**
   „Man kann sich einen durchschnittlichen Werktag mit den Aufgaben, die man im Laufe der 24 Stunden erfüllt, als einen Kuchen vorstellen, den man sich mehr oder weniger frei einteilen kann"; Modell eines Zeitkuchens einer kinderlosen Person austeilen (Arbeitsblatt 4)

2. **Abklären der einzelnen Aufgabenbereiche Haushalt, Erwerbstätigkeit, Freizeit, Partnerschaft**
   „was gehört alles zu „Haushalt"?" - Gartenarbeit, Kochen, Auto waschen, Reparaturen, Steuererklärungen usw.;
   „was gehört alles zu „Erwerbstätigkeit"?" - die reine Arbeitszeit, Wegezeit, nicht am Arbeitsplatz ausgeführte Arbeiten, arbeitsbezogene Besorgungen usw.
   „was gehört alles zu „Freizeit"?" - Schlafen, Sport, Hobbys, usw.
   „was gehört alles zu „Partnerschaft"?" - gemeinsame Freizeit, Aktivitäten für den Partner/ die Partnerin, usw.

3. **Einführen des neuen Segments „Versorgung des Kindes", Umfang abschätzen lassen**
   insgesamt etwa ein Drittel des Zeitkuchens, wobei „Beschäftigung und Unterhaltung" zum Teil mit Tätigkeiten aus anderen Aufgabenbereichen kombinierbar sind.

4. **Verschiedene Umverteilungsmöglichkeiten durchspielen, noch nicht auf die eigene Verteilung beziehen, sondern abstrakt.** *„Wo könnte man die Zeit für die neue Aufgabe hernehmen?"*

5. **Zusammenfassung:** *„Da die absolut zur Verfügung stehende Zeit begrenzt ist, erfordert das Hinzukommen der neuen Aufgabe Einschnitte bei den alten Aufgaben. Man muß etwas weglassen oder deutlich vermindern, um Zeit und Energie für die neue Aufgabe zu schaffen. Das kann man bei sich selbst tun, man kann aber auch Aufgaben vom einen zum anderen Partner umverteilen."*

6. **Anwendung auf die eigene Aufgabenverteilung:**
   Einteilung des persönlichen Zeitkuchens in der **kinderlosen Zeit** (um später die Veränderungen von der kinderlosen Phase zur Elternschaft verdeutlichen zu können, sollte nicht auf die Schwangerschaft als Ausnahmezustand fokussiert werden, sondern die Aufgabenverteilung aus der Zeit vor dem Mutterschutz bzw. vor der Schwangerschaft aufgezeichnet werden) (Arbeitsblatt 5)

   Vorstellung von der **neuen Einteilung** nach der Geburt des Kindes (Zeit nach dem Mutterschutz) (Arbeitsblatt 6)

   Einzelarbeit mit Arbeitsblatt, jede zweite Person im Kreis setzt sich einen halben Meter nach außen und dreht sich mit dem Gesicht nach außen. Die Einzelarbeit ist wichtig, um divergierende Vorstellungen sichtbar werden zu lassen; Divergenzen können zur weiteren Auseinandersetzung motivieren und bieten Übungsinhalte.

7. **Austausch mit dem Partner bzw. der Partnerin, Möglichkeiten zu Korrekturen und Verhandlungen in der Dyade.** *„Tauschen Sie nun ihre Vorstellungen mit ihrem Partner bzw. ihrer Partnerin aus, suchen Sie sich einen ruhigen Platz, sie haben 10 Minuten Zeit, danach kommen Sie bitte wieder zurück in den Kreis."*

8. **Vorstellung der beiden Modelle jedes Paares im Kreis**, Hinweis darauf, daß Divergenzen normal sind und es besser ist, wenn man sie vorher entdeckt und dann in Ruhe bespricht (und nicht zwischen Windelwechseln und Fläschchengeben).

9. **Hausaufgabe (Arbeitsblatt 7): Gemeinsame Lösung** finden, Zeitkuchen beider Partner aufzeichnen.

10. **Abschlußblitzlicht zum Zeitkuchen:**
    Ein Blitzlicht ist eine Momentaufnahme, jede und jeder in höchstens drei bis vier Sätzen sagt, wie es ihm und ihr jetzt geht. Die anderen hören zu, es wird nicht kommentiert. Leitfragen: *„Wie haben Sie die Übung gefunden? War sie schwierig? Wie haben Sie sich während der Übung gefühlt? Wie fühlen Sie sich jetzt?"*

    Falls es erforderlich ist (bei starken negativen Gefühlen, bei Aufregung o.ä.), nachfragen und auffangen. Mögliche Kommentare: Wichtigkeit und Schwierigkeit des Aushandelns und Sicheinigens; ein Lernprozeß braucht Zeit, jetzt bessere Bedingungen als nach der Geburt ...).

1.3 Übersicht über die weiteren Themen

Ziele:

1. Schaffung von Transparenz bezüglich der Kursinhalte und -ziele.
2. Schaffung von Motivation auf seiten der Eltern, da diese (bestenfalls) ihre Anliegen im Kurs wiedererkennen.

Instruktionen:

1. Hinweis auf die **Notwendigkeit von Verhandlungen und Austausch von Vorstellungen**

   „Vielleicht haben Sie jetzt schon eine Vorstellung davon, daß in der neuen Lebensphase einige Veränderungen anstehen. Solche Veränderungen kann man „sich einschleichen lassen" oder aber planen und verhandeln."

   Sammeln von Ideen über hilfreiche Bedingungen und hilfreiche Fähigkeiten, notieren *„Was könnte für solche Planungen und Verhandlungen hilfreich sein?"*

   (Antworten in Zeilenblöcken gruppieren, so daß am Ende die Themen des Kurses als Überschriften hinzugefügt werden können:

   > *Baustein 1: Lebensveränderungen*
   >   *wissen, was auf einen zukommt*
   >   *Planung*
   >   *...*
   >
   > *Baustein 2: Gute Gesprächsführung*
   >   *die eigene Meinung sagen können*
   >   *erfahren, was der andere denkt, will*
   >   *...*
   >
   > *Baustein 3: Umgang mit schlechten Gefühlen*
   >   *nicht ärgern, möglichst wenig negative Gefühle*
   >   *...*
   >
   > *Baustein 4: Umgang mit Meinungsverschiedenheiten*
   >   *verhandeln können*
   >   *...*
   >
   > *Baustein 5: Umgang mit Belastungen*
   >   *Streß*
   >   *wenig Schlaf*
   >   *...*

Szenario als Vorstellungshilfe: „*Stellen Sie sich vor: Ihr Kind wird ganz plötzlich sehr krank, Ihr Partner ist gerade im Begriff, zur Arbeit zu fahren, Sie selbst haben für den Tag schon wichtige Termine eingeplant. Was denken Sie, was jetzt hilfreich wäre? Welche Fähigkeiten, welche Bedingungen hätten Sie gerne und wünschten Sie sich bei Ihrem Partner?*")

2. **Ankündigung der zeitlichen Ordnung:** Bausteine 1 und 2 heute, 3 in der nächsten Woche, 4 und 5 in der letzten Woche.

Baustein 2: Gute Gesprächsführung

2.1 Positive Gegengewichte (Übung zur positiven Reziprozität)

<u>Ziel:</u>

Vorstellung einer Möglichkeit des Umgangs mit Veränderungen: Wahrnehmung von Positivem als ausgleichende Komponente gezielter und bewußter einsetzen

<u>Instruktionen:</u>

1. Nachdem zuvor ein unbekanntes Gruppenmitglied vorgestellt wurde, gibt es jetzt die Möglichkeit, der Gruppe etwas über das Gruppenmitglied mitzuteilen, das man selbst am besten kennt: Überlegen, **was einem am Partner bzw. an der Partnerin besonders gut gefällt. Fünf gute Seiten auswählen, die man der Gruppe mitteilen möchte** (also keine Geheimnisse), z.B. geschätzte Eigenschaften oder Fähigkeiten, Handlungen, über die man sich freut, irgendwas, was man besonders gern hat an dieser Person (Blatt zum Notieren austeilen, Arbeitsblatt 8).

2. Nach ca. 5 Minuten bitten, daß **reihum vorgelesen** wird, keine Kommentare!

3. **Blitzlicht: Welche Gefühle haben Sie jetzt ihrem Partner gegenüber?**

4. **Zusammenfassender Kommentar:** *„Wir haben wohl alle gemerkt, daß es gut tut, etwas Positives über sich zu hören. Auch das Bewußtmachen und Mitteilen dieser schönen Seiten kann das Gefühl für den Partner beeinflussen. Die Wahrnehmung positiver Seiten kann jeder für sich steuern und bewußt einsetzen. Dies kann eine Hilfe sein in Situationen, in denen man das Gefühl hat, jemand ist z.B. "immer so unfreundlich" ... ist er es wirklich „immer"?*

PAUSE

2.2 Gute Gesprächsführung

<u>Ziele:</u>

1. Vermittlung von Einsicht in die Notwendigkeit von Kommunikationsregeln

2. Vermittlung von grundlegenden Kommunikationsregeln (5 Sprecher-Regeln, 5 Zuhörer-Regeln)

3. Einüben der Kommunikationsregeln

4. Relativierung der „idealen Kommunikation": Einsicht, daß die gute Gesprächsführung nicht immer und jederzeit möglich und passend ist, nicht automatisch in Gang kommt sondern Bedingungen dafür geschaffen werden müssen.

<u>Instruktionen:</u>

1. Die Annahme, daß ein guter Partner einem alle Gedanken und Gefühle von den Augen ablesen könne hat sich als Irrtum herausgestellt. Gerade **glückliche Paare zeichnen sich**

dadurch aus, daß sie einander häufig ihre Gedanken und Empfindungen mitteilen. Dies ist besonders in Umbruchsituationen wichtig: Je mehr man sich austauscht, desto besser kann man sich aufeinander abstimmen und Enttäuschungen vermeiden.

2. **Gute Gesprächsführung** heißt:

„Zum einen muß ich mich möglichst gut und direkt meinem Partner mitteilen können, so daß dieser mich verstehen und auf mich eingehen kann. Zum anderen muß ich natürlich selbst auch meinem Partner zuhören können, das erfassen, was er mir sagt, und mich versichern können, daß ich ihn richtig verstanden habe. Diese beiden Bausteine einer guten Gesprächsführung möchten wir im folgenden mit Ihnen einüben."

2.2.1 Sich mitteilen

Instruktionen:

1. **Erster Baustein einer guten Gesprächsführung: Sich Mitteilen.**
   Dialog zur Einführung.

   (Kursleiter tragen vorbereiteten Dialog vor, Utensilien: Text und Illustrierte).

Dialog	
Vater 1:	*Das Baby schreit.*
Mutter 1:	(keine Antwort, blättert weiter in einer Illustrierten)
Vater 2:	*Ja, aber vielleicht fehlt ihr irgendetwas?*
Mutter 2:	*Hunger hat sie jedenfalls nichts. Sie hat vorhin erst ihre Milch gekriegt.*
Vater 3:	*Naja, aber vielleicht hat sie ja sonst irgendetwas?*
Mutter 3:	*Ich hab' schon alles mögliche probiert. Babys schreien halt ab und zu mal.*
Vater 4:	*Das hält doch niemand aus. Irgendwas muß man doch machen.*
Mutter 4:	*Soll das heißen, daß ich mich jetzt darum kümmern soll, damit Du Deine Ruhe hast?! Was glaubst Du denn, was ich den ganzen Tag mache? Das sind die ersten fünf Minuten, in denen ich mal Zeit habe, in der Zeitschrift zu blättern!*
Vater 5:	(ironisch) <u>*Ich*</u> *habe mich ja auch den ganzen Tag lang ausgeruht...*
Mutter 5:	*So, und wie es mir geht, das interessiert Dich überhaupt nicht. Den ganzen Tag sich immer nur ums Kind und den Haushalt kümmern zu müssen, das hab' ich mir auch anders vorgestellt. Du könntest ruhig auch mal ein bißchen mehr tun...*
Vater 6:	(ist dabei, zum Kind zu gehen)
Mutter 6:	*Und Du gewöhnst sie auch dran, daß bei jedem Pieps jemand gelaufen kommt. Das ist das Falscheste, was man machen kann!*
Vater 7:	*Das ist ja wohl die Höhe. Gerade wolltest Du noch, daß ich Dir helfe, und jetzt hat es sich die gnädige Frau wieder anders überlegt. Daß sich Frauen nie entscheiden können!*
Mutter 7:	*Wer kann sich denn hier nie entscheiden?! Wie war das denn, als wir das Kinderbett von meiner Schwester bekommen konnten und Du drei Wochen lang überlegen mußtest, ob ein Kinderbett mit drei Schlupfgitterstäben nicht besser ist?*
Vater 8:	*Das hatte ja wohl ganz andere Gründe. Aber Du weißt ja immer sofort, was das Beste für unser Kind ist!*
Mutter 8:	*Frauen haben halt nun mal mehr Ahnung von Kindererziehung!*
Vater 9:	(ärgerlich) *Klar, aber schreien tut das Kind immer noch!*
Mutter 9:	<u>*Wer schreit hier?!*</u>

2. **Arbeitsblatt mit Dialog austeilen, auf die Mitteilungen achten:**
   „Beide Partner machen in dem Dialog jeweils mehrmals dem anderen Mitteilungen. Häufig haben diese Mitteilungen die Form eines Vorwurfs."

3. **Wirkungen von Vorwürfen, Absichten des Vorwerfenden:**
   „Bevor wir überlegen, was man besser machen könnte: Welche Wirkungen haben Vorwürfe auf den anderen? Am einfachsten ist es, wenn Sie sich den Dialog noch einmal anschauen. Was denken Sie: Was würden Sie als Vorwurf auffassen und was würde ein solcher Vorwurf bei Ihnen bewirken?"

   Antworten sammeln, zusammenfassen: *„Durch Vorwürfe fühlt man sich meist angegriffen und reagiert dann mit **Rechtfertigungen oder Gegenangriffen**. Mit Vorwürfen will man **erreichen, daß sich der andere ändert**. Meistens aber wird mit Vorwürfen gerade das Gegenteil erreicht. Der andere fühlt sich angegriffen, scheint das Gesagte gar nicht richtig hören zu können und auch nicht positiv darauf einzugehen. Offensichtlich ist es besser, sich in einer anderen Form mitzuteilen."*

4. **Einführung der fünf Sprecher-Regeln:**
   „Es gibt fünf Regeln, die einem helfen, sich direkt und ohne den anderen anzugreifen mitzuteilen. Von diesen fünf Regeln ist nachgewiesen, daß sie von Paaren, die mit ihrer Beziehung zufrieden sind, häufiger eingehalten werden, als von unzufriedenen Paaren."

   Austeilen Arbeitsblätter mit 5 Sprecher-Regeln, Visualisierung auf Plakat, Tafel o.a., Erläuterung (Arbeitsblatt 9).

Die fünf Sprecher-Regeln

1. Ich-Gebrauch

Sprechen Sie von Ihren eigenen Gedanken und Gefühlen. Kennzeichen dafür ist der Ich-Gebrauch.
Der Du-Gebrauch ist dagegen häufig eine Anklage und löst Gegenangriffe aus.
Statt „Du bist schon wieder zu spät" ist es hilfreich zu sagen, was ich mir vom anderen wünsche oder wie es mir geht, wenn ich auf den anderen warten muß und wir keine Zeit mehr haben, in Ruhe zu Abend zu essen.

2. Konkrete Situation, keine Verallgemeinerungen

Sprechen Sie von konkreten Situationen oder Anlässen. Vermeiden Sie Verallgemeinerungen („immer", „nie").
Verallgemeinerungen rufen oft Widerspruch hervor und lenken vom eigentlichen Inhalt - der konkreten Situation - ab. Beispiele für Verallgemeinerungen: „Immer weißt Du alles besser!"... „Das stimmt doch gar nicht!"

3. Konkretes Verhalten, keine negativen Eigenschaften

Sprechen Sie von konkretem Verhalten in bestimmten Situationen. Vermeiden Sie, dem anderen negative Eigenschaften zuzuschreiben („typisch ... !").
Die Unterstellung negativer Eigenschaften ruft Widerspruch hervor. Statt „Daß Du immer so phantasielos bist -!" besser „Hast Du keine Ideen, was wir noch machen können?" ...

4. Hier und Jetzt, keine alten Hüte

Bleiben Sie beim Thema, sprechen Sie vom Hier und Jetzt. Vermeiden Sie es, auf alte Geschichten zurückzugreifen.
Bei Rückgriffen auf die Vergangenheit besteht die Gefahr, vom eigentlichen Thema abzukommen. Beispiel „Letzte Woche hast Du auch schon.." oder „Das war ja wohl etwas ganz anderes...!"

5. Mitteilen, was in mir vorgeht. Eigene Gefühle und Bedürfnisse direkt äußern

> *Versuchen Sie, sich zu öffnen und zu formulieren, was in Ihnen vorgeht. Äußern Sie Ihre Gefühle und Bedürfnisse direkt. Sie vermeiden damit Anklagen und Vorwürfe*
>
> *Im Gegensatz dazu steht die Absicherung gegen mögliche Reaktionen des anderen schon im voraus. „Du machst ja doch nicht mit..." usw.*
>
> *Absicherung ist im öffentlichen Leben durchaus sinnvoll. Um aber in der Partnerschaft Nähe und Vertrauen zu schaffen, sollte man dem anderen mitteilen, was in einem vorgeht und eigene Schwächen nicht verbergen.*

5. **Übung: Umformulierung der Vorwürfe im Dialog unter Berücksichtigung der fünf Sprecher-Regeln**

   „Haben Sie Ideen, wie man einzelne der Vorwürfe aus dem Dialog entsprechend den fünf Regeln anders formulieren könnte? Sagen Sie mir, welche Alternativen ich auf die Tafel schreiben kann. Wenn Sie wollen, können Sie sich die neuen Formulierungen auch auf ihre Blätter dazu schreiben."

2.2.2 Zuhören

Instruktionen:

1. **Zweiter Baustein einer guten Gesprächsführung: Zuhören. Wichtigkeit von Zuhörer-Regeln:**

   „Die fünf Sprecher-Regeln sind aber nur die eine Seite der Medaille. Es ist genauso wichtig, daß wir dem anderen auch richtig zuhören können, damit wir verstanden haben, was uns der andere sagen möchte, bevor wir ihm antworten."

   Kleingruppenübung (maximal 6 Personen) zur Einführung:

   *„In der Kleingruppe sprechen Sie nun über das Thema „Was ich mir wünsche und was ich befürchte, wenn unser Kind auf der Welt ist". Das Entscheidende ist, daß Sie bei dem Gespräch die folgende **Grundregel** beachten:*

   Jeder Gesprächsbeitrag muß dadurch eingeleitet werden, daß der Sprecher wiederholt, was sein Vorredner gesagt hat. Versuchen Sie dabei, den vorausgegangenen Gesprächsbeitrag nicht wörtlich zu reproduzieren, sondern bemühen Sie sich, mit eigenen Worten den gefühlsmäßigen Hintergrund ihres Vorredners zu berücksichtigen.

   Sie könnten z.B. fragen: „Habe ich Sie richtig verstanden, daß Sie sich darüber große Sorgen machen?"

   *Wenn Ihnen das, was Ihr Vorredner sagt, an einer Stelle **zuviel wird**, unterbrechen Sie ihn mit einem „Stop" und **geben Sie seinen Beitrag bis dahin wieder, bevor er seinen Beitrag zu Ende führt.***

   Den eigenen weiterführenden Beitrag dürfen Sie erst dann bringen, wenn Ihr Vorredner mit Ihrer Umschreibung seines Beitrages einverstanden ist.

   Diese Grundregel wird Ihnen vielleicht zunächst ziemlich willkürlich vorkommen, und Ihr Gespräch wird nicht so zügig vonstatten gehen wie sonst. Doch gerade das soll so sein. Sie haben dadurch Gelegenheit, einander wirklich zuzuhören.

   Haben Sie noch Fragen?

   Bitte nach 20 Minuten in die Großgruppe zurückkommen."

2. **Kurze Auswertung der Übung:**

   „Auf welche Weise unterschied sich die Diskussion von einem normalen Gespräch?

3. Einführung der fünf Zuhörer-Regeln

(Austeilen Arbeitsblätter mit 5 Zuhörer-Regeln, Visualisierung auf Plakat, Tafel o. a., Erläuterung) (Arbeitsblatt 10)

Die fünf Zuhörer-Regeln

1. Aufmerksames Zuhören

Beim Aufmerksamen Zuhören zeigen Sie dem Partner durch Gesten und kurze Einwürfe oder Fragen Ihr Interesse (z.B. durch unterstützende Gesten wie Nicken oder kurze Fragen, angemessenen Blickkontakt, eine dem Partner zugewandte Körperhaltung, Ermutigungen weiterzusprechen, z.B. „Ich würde gerne mehr darüber hören...").

2. Wiedergabe

Wiedergabe bedeutet die Wiederholung dessen, was der Partner gesagt hat, in eigenen Worten: Sie vergewissern sich damit, ob Sie ihn richtig verstanden haben. Wenn der Partner über ein Problem spricht und seine Gefühle und Bedürfnisse äußert, sollte der Zuhörer nicht versuchen, ihm diese Probleme auszureden oder sofort von seinen eigenen Problemen zu sprechen. Das folgende Beispiel soll diese Fehler deutlich machen:

A: Ich hatte einen anstrengenden Tag.

B: Und ich erst ...! (= lenkt ab)

A: Ich hatte den ganzen Tag keine Pause.

B: Na wenigstens kannst Du Dir Deine Arbeit frei einteilen. (= spielt herunter)

A: Das tröstet mich überhaupt nicht.

Wichtig ist, dem Sprecher deutlich zu machen, daß Sie ihn verstanden haben. Fällt es Ihnen schwer, seine Äußerungen in eigene Worte zu kleiden, sollten Sie vor wörtlichen Wiederholungen nicht zurückschrecken. Auf das vorhergehende Beispiel angewandt, könnte das Gespräch in etwa so verlaufen:

A: Ich hatte einen anstrengenden Tag.

B: Mh. (nickt)

A: Ich hatte den ganzen Tag keine Pause.

B: ... obwohl Du dringend eine gebraucht hättest.

A: Ja, genau, stell Dir vor, Lenchen hat den ganzen Tag keine Minute geschlafen!

3. Nachfragen

Haben Sie im Verlauf einer Unterhaltung den Eindruck, daß Ihr Partner seine Gefühle oder Wunschvorstellungen nur indirekt äußert, sind Sie sich nicht ganz sicher sind, was er empfindet, so fragen Sie gezielt nach seinen Gefühlen oder bieten Sie Gefühle an. Wichtig ist, daß keine Urteile abgegeben, sondern Interpretationen angeboten werden, z.B.: „Hättest Du gerne eine Pause gemacht?" und nicht „Das liegt daran, daß Du Dir Deine Zeit falsch einteilst."

4. Loben für Offenheit und Verständlichkeit

Hat Ihr Partner etwas offen und verständlich erklärt, dann sagen Sie ihm, daß es Ihnen gefallen hat oder daß er es gut gemacht hat. Wenn Sie Ihrem Partner z.B. sagen, daß Sie ihn, wenn er es so sagt, wirklich gut verstehen können, dann wird es ihm auch in Zukunft leichter fallen, sich auf eine solche Weise auszudrücken (Beispiel: „Das hast Du gut gesagt, ich hab verstanden, was Du meinst." Das heißt selbstverständlich nicht, daß man inhaltlich zustimmen muß!).

5. Ablenkungen äußern

> *Gefühle und Störungen, die Sie vom Zuhören ablenken, sollen direkt geäußert werden.* Dabei kann es sich um Straßenlärm von draußen handeln, um etwas, das Ihnen gerade noch nachgeht oder auch um positive oder negative Empfindungen aufgrund der Äußerungen des Partners. Sind Sie z.B. sehr aufgebracht, ist es besser, Ihr Gefühl direkt zu äußern. Nicht „Aber das stimmt doch nicht!!", sondern „Ich bin völlig überrascht, daß Du das so siehst!".

2.3 Zum Weiter-Üben

Instruktion:
Man kann nicht gleich zu Beginn alle zehn Regeln beherrschen, Übung hilft:

„Wenn Sie möchten, setzen Sie sich einmal mit Ihrer Partnerin bzw. Ihrem Partner zusammen und sprechen Sie über ein Pro- und Contra-Thema, das Sie beide angeht. Themenvorschlag: Berufstätigkeit der Mutter nach der Geburt eines Kindes - ist es besser, wenn die Mutter möglichst bald wieder ihrer Berufstätigkeit nachgeht oder sollte sie sich ganz der Mutterrolle widmen und länger zu Hause bleiben?

Nehmen Sie sich die zehn Regeln vor. Legen Sie fest, wer für die Berufstätigkeit der Mutter sprechen soll. Der andere soll die Gegenposition einnehmen, also dafür sprechen, daß sich die Frau ganz ihrer Mutterrolle widmet. Dabei ist es wichtig, daß sie sich jeweils an die Sprecher- und an die Zuhörer-Regeln zu halten versuchen. Das gelingt am besten, wenn Sie sich viel Zeit zum Zuhören, Überlegen und Vorbereiten Ihrer Rede nehmen. wahrscheinlich werden Sie sich etwas unbeholfen vorkommen dabei, aber genau dann sind sie auf dem richtigen Weg."

2.4 Relativierung der „idealen Kommunikation"

Instruktion:

1. **Sich nicht durch die Regeln unter Druck setzen (lassen)**
2. **Regeln als Hilfe, nicht als Last**
3. **Gute Gesprächsführung geht nicht in jeder Situation:**
   „Es gibt etwa Situationen, in denen Sie sich schnell entscheiden müssen. Es kann aber auch sein, daß Sie gerade genervt oder ärgerlich sind, oder daß Sie einen Konflikt gemeinsam aushandeln müssen. Die beiden letztgenannten Punkte kommen an den beiden nächsten Terminen zur Sprache."
4. **Bei ungünstigen Bedingungen: geeignete Situation abwarten oder aber den entsprechenden Rahmen selbst herstellen:**
   „Etwas, was sich bei vielen Paaren bewährt hat, ist, sich eine feste Zeit für Gespräche miteinander freizuhalten, einen bestimmten Termin in der Woche, z.B. einen regelmäßigen Sonntagnachmittagsspaziergang mit Kind oder etwas ähnliches. Es ist für beide Partner gut zu wissen, daß die Möglichkeit besteht, mit dem anderen zu einem bestimmten Termin zu sprechen und daß es nicht nötig ist, immer wieder neu einen Gesprächsanfang zu finden oder einen Termin auszuhandeln. Das, worüber Sie sprechen wollen, geht dann nicht verloren. Wenn Sie wollen, können Sie sich auch aufschreiben, was sie mit Ihrem Partner besprechen wollen. Wenn es Ihnen sinnvoll erscheint, können Sie einen solchen festen Termin auch noch für die Zeit vor der Geburt vereinbaren und sozusagen ohne Streßbedingungen schon einmal üben."

Hausaufgaben, Blitzlicht, Verabschiedung

Instruktionen

1. **„Hausaufgabenblatt" verteilen, kurz besprechen**
   1. gemeinsam alle vier Zeitkuchen aufzeichnen,
   2. Pro- und Contra-Diskussion mit Sprecher- und Zuhörer-Regeln,
   3. eine Situation zum Berichten aussuchen, in der man sich geärgert hat

2. **Blitzlichtrunde:**
   „Wie war für Sie die erste Sitzung, was hat Ihnen gefallen, was wünschen Sie sich anders? Bitte reihum jeder in 2-3 Sätzen."

3. **Verabschiedung**

2. Kurstag:
Umgang mit schlechten Gefühlen

Material:

Arbeitsblatt „Gedanken, Gefühle, Tun" (zur Geschichte) (Arbeitsblatt 12)
Arbeitsblatt „Vier Analysepunkte" (Arbeitsblatt 13)
Arbeitsblatt „Notfalltechniken I" (Arbeitsblatt 14)
Instruktionsblatt „Große Entspannungsübung" (nur bei Bedarf)

Begrüßung, Blitzlicht, Hausaufgaben

Ziele:

1. Evaluation von Effekten der letzten Sitzung
2. Aktuelles Befinden erfahren

Instruktionen:

1. **Blitzlicht:**
   Ein Blitzlicht ist eine Momentaufnahme, jede und jeder in höchstens drei bis vier Sätzen sagt, wie es ihm und ihr jetzt geht. Die anderen hören zu, es wird nicht kommentiert. Leitfragen:

   „Wie geht es heute, wie ist es uns im Verlauf der letzten Woche seit unserer ersten Sitzung ergangen."

2. **Hausaufgaben, paarweise kurzen Bericht erbitten:**
   *„Vom **Zeitkuchen** möchte ich gerne wissen, ob Sie sich einigen konnten und ob Sie beide zufrieden waren mit der gefundenen Lösung. Gibt es etwas, was Sie gerne anders gehabt hätten?"*

   *„Vom Versuch mit den **Gesprächsregeln** möchte ich gerne wissen, wie Sie ihn empfunden haben."*

   Ärgergeschichte für später aufheben. Unterschiedliche Sichtweisen sind wichtig!

Überleitung von der letzten Sitzung und Einführung

Ziel:

Es soll nur ein kurzer Einstieg vermittelt werden. Der explizite Hinweis auf das Gefühl „Ärger" erfolgt nicht, um der Übung „Werner und Gabi" nicht vorzugreifen.

Instruktion

„In der letzten Sitzung haben wir ja bereits gesehen, daß Gesprächstechniken dazu dienen, Mißverständnisse, Konflikte usw. zu vermeiden bzw. zu klären. In der heutigen Sitzung geht es

um die damit verbundenen Gefühle und den konstruktiven Umgang mit diesen Gefühlen. Wir machen dazu zuerst einmal eine Übung."

Baustein 3: Umgang mit schlechten Gefühlen

3.1 Gedanken, Gefühle, Aktionen (Übung „Werner und Gabi")

Ziele:

1. Anhand einer prototypischen Ärgersituation negative Gefühle und damit verbundene Gedanken und Verhaltensweisen erleben.
   Die Fremdperspektive der Geschichte soll es ermöglichen, sozial unerwünschte Gefühle, Gedanken bzw. Verhalten zu nennen.
   Durch die Teilung der Geschichte soll den möglicherweise unterschiedlichen Gefühlen, die in den jeweiligen Teilen induziert werden können (Sorge und Ärger) Rechnung getragen werden.

2. In der anschließenden Diskussion soll herausgearbeitet werden:
   Ärger ist subjektiv im Erleben und im Ausdruck, d.h. ich ärgere mich über etwas, über das sich jemand anderes vielleicht gar nicht ärgert (wie es vermutlich durch die Vielfalt von Reaktionsweisen in den gesammelten Notizen zu Gefühlen, Gedanken, Tun zum Ausdruck kommt).

3. Mit dem Hinweis auf die beiden Varianten (nur Arger, nur Sorge, s.o.) soll verdeutlicht werden, daß Ärger „selbstgemacht" ist und seine Wurzeln in Gedanken hat, was ihn auch kontrollierbar macht (Vorbereitung für „Ärgeranalyse und -kontrolle").

4. Sich positive (Energetisierung, Hinweis auf verletzten Anspruch) und negative Funktionen (Verhinderung einer konstruktiven Reaktion, Wahrnehmungs- und Reaktionseinschränkung, Klimaverschlechterung, negative Eskalation) von Ärger bewußt machen.

5. Ansatzweise vorbereitende Bewußtmachung der Komponenten von Ärger: Anspruchsverletzung, Verantwortlichkeitszuschreibung, Nicht-Anerkennung von Rechtfertigungen, negative Vorurteile.

Instruktionen:

1. **Einführung und erster Teil der Geschichte**
   „In der folgenden Übung wollen wir uns solche Gefühle anhand einer konkreten Situation genauer ansehen. Wir werden Ihnen jetzt eine Geschichte erzählen, die so oder ähnlich wahrscheinlich jeder schon einmal erlebt hat. In der Geschichte geht es um einen Mann namens Werner. Ich möchte Sie jetzt bitten, sich beim Zuhören in Werner hineinzuversetzen. Hören Sie sich den ersten Teil der Geschichte in Ruhe an. Danach sage ich Ihnen, wie es weitergeht."

   1. Teil der Geschichte:

   „Es ist 19.15 Uhr. Werner kommt nach Hause. Er hat gerade die kleine Tochter Suse zu seiner Mutter gebracht. Er ist froh, daß seine Mutter in der Nähe wohnt und ab und zu die Tochter hütet, damit er und seine Frau Gabi mal Zeit füreinander haben

   Gabi und Werner haben sich heute abend vorgenommen, ins Kino zu gehen. Heute ist der letzte Abend, an dem der Film, den sie seit längerer Zeit unbedingt sehen wollen, gezeigt wird. Es ist seit fast zwei Monaten der erste Abend, den sie mal für sich alleine haben. Für heute nachmittag hatte Gabi Freunden zugesagt, ihnen beim Umzug zu helfen. Auf dem Heimweg wollte sie noch beim Kino vorbei fahren, um die Karten zu besorgen.

Als Werner nach Hause kommt, ist Gabi noch nicht da. Er ist selbst schon etwas spät dran, denn der Besuch bei seiner Mutter hatte länger gedauert als beabsichtigt. Eigentlich hatte er damit gerechnet, daß Gabi schon zu Hause wäre, denn sie wollte um 19.00 Uhr zurück sein. Das Kino soll um 20.30 Uhr beginnen und sie wollten vorher noch in Ruhe zusammen zu Abend essen. Also geht Werner in die Küche und fängt schon mal an, das Abendessen vorzubereiten. Als das Essen fertig ist, ist Gabi immer noch nicht da."

2. **Reaktionen auf den ersten Teil generieren und niederschreiben:**

    „Soweit zum ersten Teil der Geschichte. Ich möchte Sie nun bitten, sich in die Situation von Werner zu versetzen.

    Stellen Sie sich die Situation so plastisch und detailliert vor wie möglich. Vergegenwärtigen Sie sich noch einmal, wie er nach Hause kommt, wie die Wohnung aussieht, was er tut, usw. Ihrer Phantasie sind keine Grenzen gesetzt.

    Überlegen Sie sich bitte, was er fühlt, was er denkt, was er wohl tut. Lassen Sie sich etwas Zeit dafür."

    Arbeitsblatt 12 austeilen: *„Wenn Sie das Gefühl haben, sich die Situation genau vorstellen zu können, achten Sie bitte noch einmal darauf, was Werner wohl fühlt, was er denkt und was er wohl tut, und tragen Sie dies bitte auf dem ausgeteilten Blatt in die entsprechenden Felder ein."*

3. **Vorlesen des zweiten Teils der Geschichte:**

    2. Teil der Geschichte:

    „Inzwischen ist es kurz vor acht. Der Film soll um halb neun beginnen.

    Um zehn nach acht ruft Werner bei Gabis Freunden an, denen sie beim Packen für den Umzug helfen wollte.

    Dort nimmt jedoch niemand ab.

    Mittlerweile ist es fünf vor halb neun. Inzwischen ist das Essen, das er warmgestellt hatte, verkocht und es lohnt sich nicht mehr, ins Kino zu gehen."

4. **Reaktionen auf den zweiten Teil generieren und niederschreiben:**

    „Das war also der zweite Teil der Geschichte.
    Bitte versetzen Sie sich wieder in die Situation von Werner und überlegen Sie wieder, was er fühlt, was er denkt, was er wohl tut.
    Schreiben Sie dann bitte wieder auf dem Blatt auf, was er wohl denkt, fühlt und tut."

5. **Vorlesen des dritten Teils der Geschichte:**

    3. Teil der Geschichte:

    „Gerade als er sich seine Jacke schnappen will, um aus dem Haus zu gehen, hört er Gabis Schlüssel in der Tür."

6. **Reaktionen auf den dritten Teil generieren und niederschreiben:**

    „Bitte versetzen Sie sich wieder in die Situation von Werner.
    Schreiben sie dann wieder auf, was er fühlt, was er denkt und was er tut."

7. **Reaktionen berichten, an der Tafel sammeln:**

    Möglichst breites Reaktionsspektrum erzeugen, Leitfragen:

    „Welche anderen Gefühle und Gedanken sind denkbar?

Wie sollte Werner sich verhalten? Welche anderen Verhaltensweisen sind denkbar?"

Falls nur Sorge genannt wird:

„Stellen Sie sich folgendes Ende der Geschichte vor: „Gabi kommt nach Hause. Als Werner sie nach dem Grund für ihre Verspätung fragt, antwortet sie, daß sie nach dem Umzug mit den Freunden noch ein Bier trinken war."

Falls nur Ärger genannt wird:

„Stellen Sie sich folgendes Ende der Geschichte vor: Gabi kommt nach Hause. Als Werner sie nach dem Grund für ihre Verspätung fragt, erzählt sie, daß einem der Freunde beim Umzug ein Unfall passiert ist. Das Telefon in der Wohnung war schon abgestellt, die Nachbarin war nicht zu Hause, so daß kein Telefon zur Verfügung stand. Weil alle anderen ihre Autos völlig vollgestopft hatten, mußte Gabi den Freund ins Krankenhaus bringen, denn sie hatte nichts in ihr Auto geladen, da sie ja wegen des geplanten Kinobesuchs früher gehen wollte. Als sie kurz nach acht aus dem Krankenhaus anrufen wollte, war bei Werner das Telefon besetzt, so daß sie ihn nicht erreichen konnte."

3.2 Kleine Entspannungsübung

Ziel:

Verbesserung der eigenen Körperwahrnehmung bei Spannung (Ärger) und Entspannung.

Instruktionen:

1. **Funktion der Entspannungsübung: Körperliche Anzeichen von Ärger erfahren und bewußt entspannen**

    „Im folgenden möchten wir uns damit beschäftigen, wie man Ärgergefühle vermindern kann, um sich selbst in die Lage zu versetzen, später mit dem Ärger konstruktiv umzugehen.

    Dazu müssen wir wissen, wie sich Ärger anfühlt. Wenn wir wissen, wie sich Ärger anfühlt, können wir gegensteuern.

    Woran merken Sie, daß Sie sich ärgern?

    Gibt es Anzeichen dafür, daß Sie sich ärgern, wenn ja, welche?

    Was passiert in Ihrem Körper?"

2. **Kleine Entspannungsübung:**

    (langsam und mit Pausen vorlesen):

    „In der Regel spannen wir uns an, wenn wir ärgerlich sind. Wir ziehen vielleicht die Schultern hoch oder ballen die Fäuste und unser Atem wird flach und kurz und heftig. Das gibt uns die Energie für einen Angriff.

    Wenn wir jetzt aber nicht angreifen möchten, sondern „erst mal runter kommen möchten", um später gelassen reagieren zu können, können wir uns entspannen. Wir probieren das jetzt einmal aus. Vielleicht können Sie diese Übung mitnehmen und bei Bedarf im Alltag anwenden.

    Es geht zuerst einmal um eine entspannte Atmung: stärker in den Bauchraum hineinatmen und nach dem Ausatmen, vor dem neuen Atemholen, eine Pause machen. Diese Art von Atmung kann man bei Schlafenden gut beobachten. Die Bauchatmung und die Pausen zwischen den Atemzügen dienen dazu, den Atem zu beruhigen. Eine ruhige Atmung hat genau wie ein entspannter Gesichtsausdruck eine beruhigende Wirkung auf uns.

Setzen Sie sich bequem.

Stellen Sie Ihre Füße entspannt nebeneinander auf den Boden.

Schließen Sie die Augen oder fixieren Sie einen Punkt mit den Augen, je nachdem, wie es Ihnen am angenehmsten ist.

Erinnern Sie sich an eine Situation, in der Sie sich geärgert haben oder an die Empfindungen, die Ihnen eben eingefallen sind, als Anzeichen für Ihren Ärger.

Was passiert in Ihrem Körper?

Nehmen Sie diese Haltung ein, vergegenwärtigen Sie sich das Gefühl oder die Gefühle, die sie dann haben.

Pumpen Sie jetzt Ihren Brustkorb einmal ganz mit Luft voll und atmen Sie dann aus, soweit es geht.

Nun bleibt der Brustkorb so eingefallen; bei den nächsten Atemzügen lassen Sie vor allem den Bauch sich aufblähen. Sie atmen dann richtig, wenn sich die Bauchregion direkt unter dem Brustkorb stärker ein- und ausbewegt als der Brustkorb selbst.

Die Schultern sollten sich dabei nicht heben und senken. Lassen Sie den Bauch herausfallen, als ob Sie einen Bierbauch hätten.

Machen Sie nach jedem Ausatmen eine kleine Pause. Atmen Sie dann wieder in den Bauch."

(Pause, etwa eine Minute)

„Denken Sie jetzt wieder an die Ärgergeschichte. Fühlen Sie, wo sich der Ärger in Ihrem Körper verkrampft.

Lassen Sie einfach die Muskeln los, achten Sie auf Ihre Gesichtsmuskeln, entspannen Sie Ihre Gesichtsmuskeln, Ihre Kiefermuskeln.

Stellen Sie sich vor, Sie lächeln.

Achten Sie auf Ihre Schultermuskeln, Ihre Armmuskeln, Ihre Hände.

Entspannen Sie die Schultern, lassen Sie sie fallen, entspannen Sie Ihre Schulterblätter und entspannen Sie Ihre Armmuskeln.

Falls Sie eine Faust ballen, öffnen Sie die Hände, bewegen Sie leicht Ihre Finger.

Achten Sie auch auf Ihre Beinmuskeln, Ihre Oberschenkel und Waden. Sind die verkrampft? Entspannen Sie sie, lassen Sie einfach locker.

Jetzt stellen Sie sich vor, daß der Ärger und all die Verkrampfung durch Sie hindurch, durch Ihre Füße hindurch in den Boden läuft und dort abfließt, wie in einem Kanalisationssystem.

Versuchen Sie sich den Ärger vorzustellen, wie er aussieht und wie er im Boden versickert ... ."

(Pause, etwa 30 Sekunden)

„Wenn Sie jetzt das Gefühl haben, der Ärger ist versickert, richten Sie Ihre Aufmerksamkeit wieder auf den Raum hier.

Atmen Sie zum Abschluß noch ein paarmal tief ein und aus. Kommen Sie dann wieder zurück."

3. **Blitzlicht nach der Entspannung**

   Leitfragen: *„Wie ist es Ihnen gegangen? Wie fanden Sie die Übung? Konnten Sie sich entspannen, tief atmen, den Ärger abfließen lassen?"*

PAUSE

3.3 Ärgeranalyse

Ziele:

1. Anhand von Beispielen Kennenlernen der drei kognitiven Komponenten von Ärger

   - Anspruchsverletzung,
   - Verantwortlichkeitszuschreibung
   - Nicht-Anerkennung von möglichen Rechtfertigungsgründen.

2. Analyse einer Ärgersituation, um Ärger und seine Bedingungsfaktoren zu verdeutlichen und verstehbar zu machen:

   Es soll gezeigt werden, daß eine Analyse der Situation, d.h. der subjektiven und objektiven Komponenten, die zur Entstehung der Situation beigetragen haben, sowie eine Erweiterung des eigenen Blickwinkels durch das Ausdenken von alternativen Sichtweisen den Ärger reduzieren kann.

   Durch Fragen und das Aufzeigen alternativer Handlungsmöglichkeiten zu den einzelnen vier Punkten (Anspruchsverletzung, Verantwortlichkeitszuschreibung, Nicht-Anerkennung von möglichen Rechtfertigungsgründen, negative Vorurteile) soll in der Gruppendiskussion verdeutlicht werden, daß Ärgersituationen immer eine „selbstgemachte, kognitive Komponente" enthalten, die man kontrollieren kann.

Instruktionen:

1. **Zusammenfassung:**

   „Wir haben gesehen, welche Gedanken mit welchen Gefühlen zusammenhängen, vor allem aber, daß es Unterschiede im Erleben und Ausdruck des Ärgergefühls gibt."

2. **Gedanken, die mit Ärger zusammenhängen:**

   „Der Schwerpunkt des zweiten Teils der Sitzung soll nun darauf liegen, zu verstehen, unter welchen Bedingungen Ärger entstehen kann und welche Gedanken in einer Ärgersituation eine wichtige Rolle spielen.

   *Wir ärgern uns dann, wenn wir einen **eigenen Anspruch verletzt oder bedroht sehen** und **jemand anderes dafür verantwortlich machen** können. Ein weiterer Punkt ist, daß wir **keine Rechtfertigungen zulassen wollen**, die die Person, die uns geärgert hat, vorbringen könnte."*

   (drei Komponenten anschreiben)

   *„Verdeutlichen wir diese Punkte nochmal mit unserer Geschichte von Gabi und Werner: Werner hatte den **Anspruch**, daß Gabi sich an die Verabredung hält, das heißt, daß man sich bei Absprachen aufeinander verlassen kann. Hinsichtlich der **Verantwortlichkeit** läßt sich feststellen, daß es aus Sicht von Werner an Gabi lag, daß sie zu spät kam."*

3. Vier Gesichtspunkte zur Betrachtung einer Ärgersituation

„Aus diesen drei Punkten ergeben sich nun die Gesichtspunkte, unter denen man eine Ärgersituation beleuchten kann:"

(vier Analyseschritte in vier Zeilenblöcken anschreiben, die Beispielsätze dazufügen)

1. Beschreibung der Situation:

„Beschreibung heißt: keine Bewertung. Was ist passiert, welche Personen waren beteiligt, wie haben diese sich verhalten, was haben sie gefühlt?"

(Situationsbeschreibung der Geschichte von Gabi und Werner erfragen, mögliches Ergebnis:

Nachdem Gabi Freunden beim Umzug geholfen hat, kommt sie anderthalb Stunden später als verabredet nach Hause. Werner hat sich sehr beeilt, selbst rechtzeitig nach Hause zu kommen und sich bemüht, den gemeinsamen Abend ohne Kind so gut wie möglich vorzubereiten.)

2. Ansprüche, die verletzt oder bedroht wurden:

(Anspruchsverletzung der Geschichte von Gabi und Werner erfragen, mögliches Ergebnis: Anspruch, daß Verabredungen eingehalten werden sollen.)

3. Verantwortlichkeit

setzt sich zusammen aus **Verursachung, Handlungsfreiheit, Absehen** des „Schadens" durch den „Schädiger", Schadensabsicht oder wenigstens **billigende Inkaufnahme** des „Schadens" durch den „Schädiger"

„Gabi hat nicht angerufen, ist nicht früher gekommen, obwohl sie gekonnt hätte, hat abgesehen, daß der gemeinsame Abend durch ihre Aktion gefährdet würde und dies in Kauf genommen, deswegen ist sie verantwortlich."

4. Eventuell bestehende negative Vorurteile gegenüber der Person, über die ich mich ärgere. *„Solche voreingenommenen Beurteilungen verschärfen zusätzlich eine Ärgersituation, z.B. Sätze wie „auf Männer kann man sich nie verlassen" oder „Frauen sind immer unpünktlich" verfestigen bestimmte Meinungen über den anderen und machen ein konstruktives Umgehen mit dem Problem sehr schwierig."*

3.4 Ärgerkontrolle - warum, wie, wann nicht, was sonst?

Ziele:

1. Erfahren, daß selbst erlebter Ärger durch Ärgeranalyse kontrollierbar ist.
2. Eine Ärgeranalyse durchführen lernen.
3. Funktionen von Ärgerkontrolle erarbeiten: Kontrollierter Ärger läßt sich konstruktiv zu einer Korrektur im erwünschten Sinne nutzen, unerwünschte Nebenwirkungen (Klimaverschlechterung, negative Eskalation, usw.) werden umgangen.

Instruktionen:

1. **Ärgeranalyse-Übung in Kleingruppen**

    maximal 4 Personen (bitte nicht die Partner),

    knappe Schilderung einer Ärgersituation einer Person (Hausaufgabe),

    danach gemeinsame Analyse anhand des Arbeitsblattes 13 „Vier Analysepunkte" (verteilen).

Danach noch eine weitere Situation entsprechend bearbeiten.

Wichtig: *"Bei dieser Übung geht es nicht um eine Entscheidung, welche Reaktion in dem Moment des Ärgerns richtig oder falsch ist, denn diese Entscheidung kann nur jeder und jede für sich selbst treffen."*

2. **Bericht in der Großgruppe**
   Kurze Zusammenfassung aus jeder Gruppe. Leitfrage:

   "Gab es neue Aspekte, die man vielleicht vorher noch nicht so gesehen hat?"

3. **Warum Ärgerkontrolle?**
   Sammeln von Begründungen in der Gruppe, Zusammenfassung:

   "Ärger hat die Funktion, uns bei der Durchsetzung unserer verletzten Ansprüche zu helfen. Deshalb geht er mit einer Energetisierung, Spannungsaufbau, Einschränkung der Wahrnehmung und des Reaktionsspektrums einher.

   Er führt aber oft zu einer Klimaverschlechterung und zu einer negativen Eskalation, hat also unerwünschte Nebenwirkungen. Deshalb ist es sinnvoll, den Ärger so weit zu kontrollieren, daß ein konstruktiver Umgang mit ihm möglich wird, nämlich das Verhandeln besserer Lösungen. Ärgerkontrolle ist also keineswegs Selbstzweck, sondern dient der Vorbereitung von Lösungen, die besser sind als Vorwürfe und Rückzug."

4. **Wie kontrolliert man Ärger?**
   Vorschläge sammeln, anschreiben:
   1. Selbstaufmerksamkeit - Feststellen / Zugeben, **daß** man sich ärgert
   2. Ärgeranalyse:
   - Wie war die Situation?
   - Welcher Anspruch ist verletzt?
   - Wie steht es mit der Verantwortlichkeit (Verursachung, Handlungsfreiheit, Absehen, Inkaufnahme des „Schadens")?
   - Gibt es Rechtfertigungen?
   - Habe ich negative Vorurteile?

5. **Gemeinsame Durchführung und Evaluation des Effektes**
   Berichten einer mitgebrachten Ärgergeschichte durch einen Teilnehmer bzw. eine Teilnehmerin

   Einschätzen der Ärgerintensität (auf einer Skala von 1-6, 1 = überhaupt kein Ärger, 6 = sehr viel Ärger → an der Tafel Skala anzeichnen, die Person stuft sich selbst durch Ankreuzen ein)

   Durchführung der Ärgeranalyse wie beschrieben, Leitfragen sollen möglichst viele alternative Sichtweisen produzieren und so die ursprüngliche Sicht flexibilisieren:

   Situationsanalyse:

   "Versuchen Sie die selbe Situation so sachlich wie möglich zu erzählen (also nur die Dinge erzählen, die auch tatsächlich vorgefallen sind). Es wird dann leichter, auch das Verhalten des Anderen zu verstehen, wenn wir versuchen, in unserer Erzählung gerecht zu bleiben. Wichtig ist, Interpretationen und eigene Bewertungen von dem, was der andere getan hat, zu vermeiden.
   Denn woher weiß man, warum eine Person so oder so gehandelt hat? Dies kann man erst im Gespräch mit ihr erfahren. Versuchen Sie, andere Gründe für das Verhalten der Person zu finden!"

Ansprüche:

*"Überlegen Sie sich, welcher Anspruch verletzt oder bedroht wurde.
Versuchen Sie, über diesen Anspruch nachzudenken: was steckt eigentlich hinter diesem Anspruch, wie ist er begründet? Warum denken Sie, daß es sich nicht gehört, so etwas zu tun?"*

Verantwortlichkeit:

*"Hat die Person wirklich etwas mit dem Schaden zu tun? Oder gibt es noch andere?
Hat sie wirklich abgesehen, was sie damit anrichten würde, oder?
Hätte sie wirklich anders gekonnt, oder?
Wollte sie mir wirklich etwas zufügen, oder?"*

Rechtfertigungen:

"Hatte sie vielleicht gute Gründe für ihr Tun, die ich respektieren könnte?"

Vorurteile:

"*Was halte ich eigentlich von dieser Person? Unterstelle ich ihr etwas?"*
Effektevaluation: am Ende zweite Skala unter die erste anzeichnen, erneute Selbsteinschätzung

6. **Grenzen: Wann ist Ärgerkontrolle nicht möglich, nicht sinnvoll?**
"Gibt es Situationen, in denen Sie keine Ärgerkontrolle empfehlen würden? Was sind das für Situationen?"

Mögliche Antworten:

Wenn der Ärger zu stark ist,

bei „Gefahr im Verzug" (vitale Bedrohung erfordert sofortiges Handeln),

bei Personen, die nichts anderes als Ärger verstehen (und konstruktive Gespräche als Schwäche abtun würden) - diskutieren, hier kann mitunter wie bei Kindern ein kontrollierter „Theaterärger" angezeigt sein! ...

"Welche Möglichkeiten gibt es bei zu starkem Ärger?"

Sammeln von **„Notfalltechniken"**: Entspannungsübung, tief durchatmen, bis Zehn zählen, Ortsveränderung, Bewegung, sich abreagieren mit Lärmproduktion u.ä., ...

Liste „Techniken für den Notfall I" austeilen und ergänzen (Arbeitsblatt 14)

"Woran merken Sie, daß der Ärger zu stark ist?"

Sammeln von **Anzeichen dafür, daß Ärgerkontrolle nicht sinnvoll ist** und stattdessen „Notfalltechniken" eingesetzt werden sollten; in die Liste eintragen.

3.5 Große Entspannungsübung

Ziele:

1. Kennenlernen der Technik der Progressiven Muskelentspannung
2. Effekte einer Tiefenentspannung selbst erfahren
3. Entspannungstechniken als Möglichkeit des Umgangs mit Ärger erleben

Instruktionen:

1. Ärger und Entspannung vertragen sich nicht. Deshalb ist **Entspannung eine Möglichkeit, destruktivem Ärger vorzubeugen.**

2. **Zur Übung:**

Sie kann im Sitzen oder im Liegen gemacht werden, oder auch in Teilen, wie es gerade gebraucht wird (obwohl der Begründer dieser Entspannungsmethode empfiehlt, die Technik am Anfang täglich eine Stunde lang zu üben). Viele Kursteilnehmerinnen und -teilnehmer haben sich diese Übung auf Kassette gesprochen und nach Hause mitgenommen, sie mit ihren Partnerinnen und Partnern gemeinsam durchgeführt, oder sie sich vom Partner oder der Partnerin vorlesen lassen.

(Wichtig: Ein langsames Tempo ist essentiell für die Übung - sie dauert mindestens eine halbe Stunde, eine längere Dauer wird meist als angenehm empfunden.)

„Wir machen die Übung jetzt im Sitzen. Setzen Sie sich bequem, legen Sie die Hände auf die Oberschenkel.

Man erreicht eine tiefere Entspannung dadurch, daß man gezielt einzelne Muskelpartien zuerst anspannt und dann entspannt. Man kann das einmal machen oder auch mehrfach nacheinander.

Versuchen wir das zuerst einmal am Beispiel unserer Hand:

Ballen Sie jetzt die Faust. Halten Sie die Spannung etwa 10 Sekunden lang an - gerade so stark, daß Sie ein leichtes Ziehen verspüren und ein deutliches Gefühl für die Lage der Muskeln bekommen. Es soll nicht zu einer Verkrampfung kommen. Lösen Sie dann die Spannung, ohne sich viel dabei zu bewegen und konzentrieren Sie sich etwa eine halbe Minute lang auf die Empfindungen, die dann in den Muskeln entstehen.

Zum besseren Verständnis gehen wir jetzt die einzelnen Muskelgruppen durch, bevor wir dann mit der eigentlichen Übung beginnen. Ich erkläre jede Muskelgruppe einzeln, mache es Ihnen vor, und Sie versuchen bitte, mitzumachen:

*Die **Handmuskeln** spannen wir an, indem wir eine Faust machen, Daumen nach oben.*

*Den **Bizeps, Armbeuger,** spannen wir an, indem wir den Unterarm zum Oberarm beugen, Handflächen nach außen.*

*Den **Trizeps, Armstrecker,** spannen wir an, indem wir den Unterarm flach auf den Unterschenkel auflegen und dabei die Handflächen nach unten drücken.*

*Die **Stirn** können wir anspannen, indem wir die Augenbrauen hochziehen, und danach, indem wir die Augenbrauen zusammenziehen.*

*Die **Nase** können wir anspannen, indem wir sie rümpfen.*

*Die **Lippen** spannen wir an, indem wir sie aufeinanderpressen, ohne dabei die Zähne aufeinanderzubeißen. Zwischen Ober- und Unterkiefer soll ein kleiner Abstand bleiben.*

*Die **Zunge** spannen wir an, indem wir sie gegen den Gaumen drücken.*

*Die **Kaumuskeln** spannen wir an, indem wir die Zähne zusammenbeißen.*

*Die **Nackenmuskulatur** spannen wir an, indem wir das Kinn auf das Brustbein drücken.*

*Die **Schultermuskulatur** spannen wir an, indem wir die Schultern bis zu den Ohren hochziehen.*

*Den **Brustkorb** spannen wir an, indem wir tief einatmen, so daß sich der Brustkorb wölbt.*

*Den **Po** spannen wir an, indem wir ihn gegen den Sitz drücken und gleichzeitig versuchen, etwas nach oben zu wachsen.*

*Die **Oberschenkelmuskeln** spannen wir an, indem wir so tun, als wollten wir die Füße nach vorne wegschieben.*

*Die **Unterschenkelmuskeln** spannen wir an, indem wir die Füße und Zehen zu uns hinziehen.*

Setzen Sie sich jetzt ganz bequem hin, Unterarme auf die Oberschenkel.

Ich möchte Sie jetzt bitten, die Muskeln der einzelnen Körperteile nacheinander anzuspannen. Schließen Sie die Augen.

Halten Sie die Spannung jeweils etwa 10 Sekunden lang an - gerade so stark, daß Sie ein leichtes Ziehen verspüren und ein deutliches Gefühl für die Lage der Muskeln haben; es soll nicht zu einer Verkrampfung kommen.

Lösen Sie dann die Spannung, ohne sich viel dabei zu bewegen und konzentrieren Sie sich etwa eine halbe Minute lang auf die Empfindungen, die dann in den Muskeln entstehen.

Ballen Sie jetzt eine Faust. Stellen Sie sich vor, Sie wollten mit der Hand eine Walnuß knacken. Halten Sie die Spannung ... und entspannen Sie jetzt.

Lassen Sie die Hand liegen, bewegen Sie sie nicht, beobachten Sie das Kribbeln und das Wärmegefühl.

Spannen Sie nun den Bizeps an, den Armbeuger, führen Sie die Hand geöffnet in Richtung Schulter. Halten Sie die Spannung ... entspannen Sie jetzt, legen Sie den Arm wieder so, daß es bequem ist. Fühlen Sie, wie sich die Entspannung anfühlt.

Spannen Sie den Trizeps an, den Armstrecker. Lassen Sie dazu den Unterarm flach auf der Unterlage aufliegen, drücken Sie die Handflächen nach unten, ohne dabei den Unterarm anzuheben ... halten Sie die Spannung ... und entspannen Sie wieder. Achten Sie auf das Gefühl in Ihren Unterarmmuskeln beim Entspannen.

Legen Sie jetzt die Stirn in Falten. Lassen Sie die Augen dabei geschlossen und ziehen Sie die Augenbrauen hoch, so daß Querfalten auf der Stirn entstehen. Halten Sie die Spannung ... und entspannen Sie jetzt.

Ziehen Sie jetzt die Augenbrauen zusammen, machen Sie senkrechte Falten von der Nase bis in die Stirn ... halten Sie die Spannung ... entspannen Sie wieder und beobachten Sie, wie die Stirn wieder ganz glatt wird.

Pressen Sie nun die Lippen aufeinander (nicht die Zähne!) ... entspannen Sie jetzt ...

Drücken Sie jetzt die Zunge gegen den Gaumen, so, als wollten Sie mit ihr ein Loch in den Gaumen bohren ... halten Sie die Spannung ... entspannen Sie jetzt und lassen Sie die Zunge wieder locker im Unterkiefer liegen...

Spannen Sie nun die Kaumuskeln an, indem Sie die Zähne zusammenbeißen ... entspannen Sie ...

Dehnen Sie die Nackenmuskulatur, indem Sie das Kinn auf das Brustbein drücken ... entspannen Sie ...

Spannen Sie nun die Schultermuskulatur an, indem Sie die Schultern bis zu den Ohren hochziehen ... entspannen Sie ... und lassen Sie die Schultern ganz herunterfallen ...

Spannen Sie den Brustkorb an. Atmen Sie tief ein, so daß sich der Brustkorb wölbt. Halten Sie dann den Brustkorb so und atmen Sie nur flach weiter. ... Entspannen Sie, lassen Sie den Brustkorb zusammenfallen, atmen Sie weiter vor allem in den Bauchraum hinein...

Spannen Sie die Oberschenkelmuskulatur an, tun Sie so, als wollten Sie die Füße nach vorne wegschieben. Spüren Sie die Muskelspannung in den Oberschenkeln ... entspannen Sie ...

Spannen Sie die Unterschenkelmuskulatur an, biegen Sie die Füße und die Zehen stark zu sich hin. Sie merken die Spannung in den Waden. ... Entspannen Sie ...

Bleiben Sie noch einige Minuten ganz ruhig sitzen. Machen Sie nun die Reise durch Ihren Körper zurück, ganz langsam, bis Sie wieder bei Ihrer Hand sind.

Wenn Sie jetzt Ihren Körper durchwandert haben, richten Sie Ihre Aufmerksamkeit wieder auf die Umgebung hier, die Geräusche, recken Sie sich. Strecken Sie sich aus, vielleicht müssen Sie gähnen, kommen Sie langsam wieder hier an."

Blitzlicht, Hausaufgabe, Verabschiedung

Instruktionen

1. **Blitzlichtrunde:**

   „Wie war für Sie die zweite Sitzung, was hat Ihnen gefallen, was wünschen Sie sich anders? Bitte reihum jeder in 2-3 Sätzen."

2. **Hausaufgabe: Beobachten Sie sich in Ärgersituationen.**

3. **Verabschiedung**

3. Kurstag:
Umgang mit Meinungsverschiedenheiten, Umgang mit Belastungen

Material:

1. Transkripts des Streitgesprächs der drei Männer
2. dicke Filzstifte
3. Bleistifte mit Radiergummis
4. Plakat mit 10 Regeln für „Gute Gesprächsführung"
5. Plakat mit 4 Analysepunkten für Ärgerkontrolle
6. Transkript des Paardialogs (Text 1)
7. Arbeitsblatt „Störungen" (Arbeitsblatt 15)
8. Arbeitsblatt „Wünsche" (Arbeitsblatt 16)
9. Arbeitsblatt „Klärung von Meinungsverschiedenheiten" (Arbeitsblatt 17)
10. Arbeitsblatt „Fahrplan: Konstruktiver Umgang mit Meinungsverschiedenheiten" (Arbeitsblatt 18)
11. Arbeitsblatt „Techniken für den Notfall II" (Arbeitsblatt 19)
12. Arbeitsblatt „Umgang mit Belastungen" (Arbeitsblatt 20)

Begrüßung, Einführung

Ziele:

Evaluation von Effekten der vorangegangenen Sitzungen

Aktuelles Befinden erfahren

Instruktionen:

1. **Blitzlicht:**
   Ein Blitzlicht ist eine Momentaufnahme, jede und jeder in höchstens drei bis vier Sätzen sagt, wie es ihm und ihr jetzt geht. Die anderen hören zu, es wird nicht kommentiert. Leitfragen (ggf. anschreiben):
   „Wie geht es heute, gibt's was Neues, hat sich seit der Zeit vor unserem Kurs etwas geändert?"

2. *„Wir machen da weiter, wo wir letztes Mal aufgehört haben. Das **Ziel ist nach wie vor, zu einer guten Verständigung über die Gestaltung der neuen Lebenslage zu kommen.**"*

Baustein 4: Umgang mit Meinungsverschiedenheiten

4.1 Einführung anhand eines Streitgesprächs. Thema Arbeitsverteilung aus „Drei Männer und ein Baby"

Ziel:

Lockerer Einstieg anhand eines „unbedrohlichen" Beispiels, von dem man sich bei Bedarf distanzieren kann, um Offenheit und Vertrauen bei der späteren Arbeit am Thema „Meinungsverschiedenheiten" zu erleichtern.

Instruktionen:

1. **Ein Beispiel zur Einführung:** Erfragen, ob jemand den Film „Drei Männer und ein Baby" kennt, kurze Inhaltsangabe erbitten (oder selbst geben: *„Drei lebenslustige Junggesellen finden sich unversehens in der Situation, ein kleines Baby versorgen zu müssen. Dieses Baby wurde von seiner Mutter Silvia bei ihnen abgegeben. Einer von ihnen, Jacques, Pilot, sei der Vater. Sylvia muß dringend in die USA und kann das Baby nicht mitnehmen. Nun stehen die drei Männer vor der Anforderung, die neue Aufgabe der Versorgung des Babys mit ihren anderen Aufgaben in Einklang zu bringen."*)

   Der Kursleiter liest den Part von Jacques, die Kursleiterin den von Pierre, ein Teilnehmer nach kurzer Vorbereitung den Part von Michel. Der emotionale Ausdruck ist sehr wichtig, da die negativ-emotionsgeladene Atmosphäre eine konstruktive Lösung erschwert und dies später auch thematisiert werden soll.

Streitgespräch der drei Männer über die tägliche Versorgung von Marie

Jacques 1: (verzweifelt, etwas theatralisch): Also, hört mir zu, ich habe alles versucht, nichts funktioniert. Meine Mutter ist in der Karibik, Silvia in den USA, Pierre erträgt keine Frau in der Wohnung, im Kinderhort ist auch nichts mehr frei. Madame Rodriguez redet nicht mehr mit uns, seitdem die Bullen hier gewesen sind. Sie weigert sich ja inzwischen, uns die Wohnung zu putzen. Ich weiß nicht mehr, was ich machen soll! Wollt Ihr, daß ich ausziehen soll mit dem Kind unter dem Arm? Soll ich zur Fürsorge gehen?!

Pierre 1: (ironisch): Kenn ich doch, das alte Lied! (mimt einen Geiger)

Jacques 2: Nein, ich mein' das ganz ehrlich. Was habt Ihr denn vorzuschlagen?

Michel 1: Ich stelle fest: Seine Mutter kommt allenfalls in vier Monaten zurück. (zuversichtlich): Wir werden ja hier nicht Tag für Tag vertun, um für so eine kurze Zeit eine Lösung zu finden. Wir richten uns ein, zu dritt kriegen wir das hin. Klar! Was sind schon vier Monate!

Jacques 3: (drohend): Was meinst Du, *wir* richten uns ein? Oho! Also ich bin dauernd unterwegs!

Pierre 2: (etwas frostig): Dann läßt Du Dich eben mal für eine gewisse Zeit zum Bodenpersonal versetzen aus schwerwiegenden familiären Gründen.

Jacques 4: (sehr bestimmt): Oh nein, nein, das kommt gar nicht in Frage! Ich hab' mir den Job wegen der Reisen gesucht, und die geb' ich auch nicht auf!

Pierre 3: (sehr bestimmt): Dann geb' sie in die Fürsorge, weil, ... wir machen das nicht mehr alleine! Nachts nur vier Stunden Schlaf, ich kann nicht mehr!

Michel 2:	(zu Pierre, ärgerlich): Hör' endlich auf! Spiel Dich nicht auf! (zu Jacques, befehlend): Du verlangst Deine vorläufige Versetzung zum Bodenpersonal und versprichst ...
Jacques 5:	(sehr bestimmt): Nein!
Michel 3:	(unbeirrt befehlend): ... und Du übernimmst die erste Schicht von sechs Uhr in der Früh' bis zehn Uhr. Das macht zwei Fläschchen und zweimal Wickeln. Und abends, wenn Du von der Arbeit kommst, kannst Du Deine Einkäufe machen. Ich, weil ich ja daheim arbeite, übernehme gern' die Schicht von zehn bis achtzehn Uhr. Ich bring' sie gern' an die frische Luft, aber im Haus mache ich nichts! Keine Einkäufe, keinen Abwasch, kein Essen! Pierre macht die Schicht von achtzehn bis zweiundzwanzig Uhr. Zweimal Fläschchen, zweimal trockenlegen, Du badest sie, sorgst für ihr Essen und machst die Wäsche!
Jacques 6:	(verzweifelt): Stellt Euch nur vor was das für ein Leben wird. Oh Gott!!
Pierre 4:	(zögernd, etwas mißtrauisch): Und in der Nacht, wenn sie nachts aufwacht, wer ist dann dran?
Michel 4:	(zu Pierre, etwas vorsichtig) Ja, da hab' ich ehrlich gesagt an Dich gedacht.
Pierre 5:	(bestimmt): Oh nein, oh nein! Nachts mach' ich nichts! Kommt nicht in Frage!
Jacques 7:	(bestimmt): Und Ihr kennt mich ja, ist ja klar, daß ich mich auch weigere!
Michel 5:	(beleidigt): Oho, ich soll wieder der Dumme sein. Ich mache die größte Schicht, acht Stunden hintereinander. Ich opfere nicht noch meine Nacht, kommt nicht in Frage! Sie soll brüllen, wann sie will, es geht mich nichts an!
Pierre 6:	(ärgerlich): Hör' mal Jacques, Du bist wirklich ein fauler Sack! Wir geben Dir schon die leichteste Schicht, die am Morgen. (zu Michel) Stimmt doch, da ist sie immer wunderbar zu haben! Wir schlagen uns seit Wochen die Nächte um die Ohren. Monsieur möchte gerne nachts verschont werden. Da kann ich nur Scheiße sagen! Immerhin ist sie Deine Tochter. Jetzt wird es endlich Zeit, daß Du das akzeptierst!
Jacques 8:	(wütend): Na sag' mal, akzeptiert Ihr doch was Ihr wollt! Ist mir egal, ich werde mich nicht auf den Boden versetzen lassen. Ihr könnt mich mal! Glaubt Ihr, daß ich Euch brauch'? Ich werd' ganz alleine eine Lösung finden! (verläßt wütend das Zimmer)

4.2 Analyse des Streitgesprächs, Erarbeitung von Alternativen

Ziele:

1. Erste Fehlerdiagnosen generieren: Was läuft verkehrt, wenn bei Verhandlungen unter Partnern Streit entsteht?
2. Voraussetzungen eines konstruktiven Konfliktgesprächs erkennen:
   (1) Sachlichkeit (kann durch Ärgerkontrolle erreicht werden),
   (2) Bereitschaft, sein Bestes zu einer Lösung beizutragen.
3. Gesprächsregeln als erleichternde Techniken eines konstruktiven Konfliktgesprächs erfahren.
4. Strukturierungshilfen als erleichternde Techniken kennenlernen.

Instruktionen:

1. **Reaktionen sammeln, offene Frage ("na?").**
   Wenn keine „Fehlerdiagnosen" gestellt werden: *„Warum finden wir das lustig? Was könnten die drei anders machen? Wie hätte es besser laufen können?"*

Zu den Voraussetzungen einer konstruktiven Konfliktlösung hinlenken und anschreiben, Transkript des Streitgesprächs austeilen:

Sachliche Atmosphäre (hier: emotional geladene Atmosphäre; Hinweis auf Plakat mit Stichpunkten zur Ärgerkontrolle, Entwurf siehe unten)

Signalisieren des eigenen Willens, sein Bestes zur Lösung beizutragen (hier: keine Einsatzbereitschaft von Jacques)

Versachlichung durch Ärgeranalyse

1. **Sachliche Situationsbeschreibung:** Was ist passiert? Wer hat was getan?
   Sind andere Sichtweisen möglich? Welche?

2. **Welche Ansprüche sind verletzt? Wie sind diese begründet?**
   Sind andere Sichtweisen möglich? Welche?

3. **Liegt Verantwortlichkeit vor?**

   Verursachung, Handlungsfreiheit, Absehen des Schadens, billigende Inkaufnahme?
   Sind andere Sichtweisen möglich? Welche?

4. **Gibt es negative Vorurteile gegenüber dem „Schädiger"?**
   Sind andere Sichtweisen möglich? Welche?

---

2. Die **Einhaltung von Gesprächsregeln erleichtert Auseinandersetzungen:**

Wenn dies nicht von den Teilnehmerinnen und Teilnehmern genannt wird: Auf Gesprächsregeln hinweisen (Plakat mit Zusammenfassung, siehe unten):

„Wo sind die Gesprächsregeln nicht eingehalten?" (z.B. bei Pierre 1: Ironie!)

„Was wäre besser gewesen?" (Interesse, Wiedergabe, Nachfragen, Lob, Ablenkung äußern.)

Nur zwei bis drei Beispiele behandeln, nicht zu stark vertiefen.

Gute Gesprächsführung

Sprecher-Regeln:	Zuhörer-Regeln:
eigene Gedanken und Gefühle, Ich-Form	aufmerksam zuhören, Interesse zeigen
konkrete Situationen, keine Verallgemeinerungen	Verständnisüberprüfung durch Wiedergabe
konkretes Verhalten, keine negativen Eigenschaften	Nachfragen (besonders nach Gefühlen, Wünschen)
hier und jetzt, keine alten Geschichten	Lob für Offenheit und Verständnis
eigene Gefühle und Bedürfnisse offen äußern	Ablenkungen äußern

---

3. **Hinweis: Erleichterung durch Strukturierungshilfen**
   wenn dies nicht von den Teilnehmerinnen und Teilnehmern genannt wird:
   „Außer durch die Gesprächsregeln kann man sich ein solches Konfliktgespräch auch erleichtern, indem man die oftmals schwierige Aufgabe in verschiedene Abschnitte einteilt."

4.3 Vier Schritte des konstruktiven Umgangs mit Meinungsverschiedenheiten

Ziele:

1. Erfassen des Konfliktbearbeitungsmodells in vier Schritten als Strukturierungshilfe für Konfliktgespräche.
2. Einsicht in die verschiedenen Aufgaben der drei vermittelten Techniken: Sachlichkeit als Voraussetzung mittels Ärgerkontrolltechniken, wenn Bereitschaft zu konstruktivem Einsatz besteht: Strukturierung mittels Konfliktbearbeitungsmodell, Formulierung und Ausdruck entsprechend der Gesprächstechniken und erste Versuche einer kombinierten Anwendung.
3. Erfahrung einer gemeinsamen konstruktiven Konfliktbearbeitung machen.

Instruktion:

1. **Einführung: Meinungsverschiedenheiten sind normal, der Umgang damit ist kritisch:**

   „Meinungsverschiedenheiten gehören zu jeder Partnerschaft. Glückliche und unglückliche Paare haben sehr ähnliche Konfliktthemen. Aber sie unterscheiden sich sehr darin, wie sie mit diesen Themen umgehen, ob und wie sie zu einer mehr oder weniger befriedigenden Lösung kommen."

2. **Sammeln bekannter Strategien zur konstruktiven Konfliktlösung am Beispiel Paardialog:**

   „Im Grunde wissen wir oft ganz gut, wie ein Konflikt nach den Regeln der Kunst zu lösen wäre. Vielleicht sammeln wir einmal, was uns schon bekannt ist - das geht leichter am Beispiel."

   Paardialog vom ersten Kurstag austeilen, still lesen lassen.

   Danach Strategien sammeln und stichwortartig anschreiben, zuerst offen fragen, erforderlichenfalls fokussierter, Leitfragen:

   „Wie wäre das Gespräch Ihrer Meinung nach besser verlaufen?

   Wie bewerten Sie den Beginn des Gesprächs?

   Wissen Sie, was den Mann beziehungsweise die Frau stört?

   Was ist Ihrer Meinung nach die eigentliche Ursache der Auseinandersetzung?

   Wie könnte das Paar zu einer Lösung kommen?"

Dialog

Vater 1: *Das Baby schreit.*
Mutter 1: (keine Antwort, blättert weiter in einer Illustrierten)
Vater 2: *Ja, aber vielleicht fehlt ihr irgendetwas?*
Mutter 2: *Hunger hat sie jedenfalls nichts. Sie hat vorhin erst ihre Milch gekriegt.*
Vater 3: *Naja, aber vielleicht hat sie ja sonst irgendetwas?*
Mutter 3: *Ich hab' schon alles mögliche probiert. Babys schreien halt ab und zu mal.*
Vater 4: *Das hält doch niemand aus. Irgendwas muß man doch machen.*
Mutter 4: *Soll das heißen, daß ich mich jetzt darum kümmern soll, damit Du Deine Ruhe hast?! Was glaubst Du denn, was ich den ganzen Tag mache? Das sind die ersten fünf Minuten, in denen ich mal Zeit habe, in der Zeitschrift zu blättern!*
Vater 5: (ironisch) <u>Ich</u> *habe mich ja auch den ganzen Tag lang ausgeruht...*

Mutter 5: *So, und wie es mir geht, das interessiert Dich überhaupt nicht. Den ganzen Tag sich immer nur ums Kind und den Haushalt kümmern zu müssen, das hab' ich mir auch anders vorgestellt. Du könntest ruhig auch mal ein bißchen mehr tun...*
Vater 6: (ist dabei, zum Kind zu gehen)
Mutter 6: *Und Du gewöhnst sie auch dran, daß bei jedem Pieps jemand gelaufen kommt. Das ist das Falscheste, was man machen kann!*
Vater 7: *Das ist ja wohl die Höhe. Gerade wolltest Du noch, daß ich Dir helfe, und jetzt hat es sich die gnädige Frau wieder anders überlegt. Daß sich Frauen nie entscheiden können!*
Mutter 7: *Wer kann sich denn hier nie entscheiden?! Wie war das denn, als wir das Kinderbett von meiner Schwester bekommen konnten und Du drei Wochen lang überlegen mußtest, ob ein Kinderbett mit drei Schlupfgitterstäben nicht besser ist?*
Vater 8: *Das hatte ja wohl ganz andere Gründe. Aber Du weißt ja immer sofort, was das Beste für unser Kind ist!*
Mutter 8: *Frauen haben halt nun mal mehr Ahnung von Kindererziehung!*
Vater 9: (ärgerlich) *Klar, aber schreien tut das Kind immer noch!*
Mutter 9: <u>*Wer* schreit hier?!</u>

3. Überblick über die vier Schritte des konstruktiven Umgangs mit Meinungsverschiedenheiten (Vortrag mit Plakat, Tafel, später Arbeitsblatt)

*„Der **erste Schritt** einer konstruktiven Lösung von Meinungsverschiedenheiten besteht darin, den **Ist-Zustand zu beschreiben**, das heißt, möglichst sachlich und **unter Einhaltung der Gesprächsregeln zu sagen, was einen stört:***

- *daß man das Problem möglichst **sachlich beschreibt**,*

- *daß man etwas über seine **eigenen Gefühle angesichts des Problems** sagt,*

- *daß man sagt, **wie man das Zustandekommen des Problems sieht**.*

Danach werden die Rollen vertauscht.

*Im **zweiten Schritt** geht es um den **Soll-Zustand, das Aussprechen von Bedürfnissen oder Wünschen**, wiederum möglichst sachlich und **unter Einhaltung der Gesprächsregeln**:*

- *daß man das **Ideal beschreibt**, das einem vorschwebt,*

- *daß man im Moment nur an sich denkt und das Ideal angstfrei umschreiben kann, ohne daß dabei berücksichtigt wird, ob es sich verwirklichen läßt oder ob der andere Einwände vorbringen könnte.*

Danach werden die Rollen vertauscht.

*Im **dritten Schritt** geht es um die **Konkretisierung des Idealzustands**, um die Fragen:*

- *welches **Verhalten man sich vom anderen Partner wünscht: Was soll er / sie tun, wann, wie, wie oft, wo, mit wem?** (Möglichst nicht: was er / sie unterlassen soll), und zwar*

- *was man selbst zur Erreichung des Idealzustands tun könnte (**wann, wie, wie oft, mit wem, wo**)*

*Auch hier ist die **Einhaltung der Gesprächsregeln** wichtig und werden nach getaner Äußerung die **Rollen getauscht**.*

*Der **vierte Schritt umfaßt Verhandeln, Prüfen, Versprechen** - wieder unter Einhaltung der Gesprächsregeln:*

- *Verhandeln: Welche Änderungswünsche sind erfüllbar, welche würden mich überfordern?*
- *Prüfen: Finde ich das gerecht?*
- *Versprechen: Was werde ich konkret wann tun?*

Danach werden wieder die Rollen getauscht.

Schließlich soll sich jede und jeder bereit erklären, konkrete Änderungswünsche des anderen zu erfüllen. Das bedeutet, daß man sich verpflichtet, das ausgehandelte Verhalten zu zeigen, in der Gewißheit, daß der andere ihrer- bzw. seinerseits den geäußerten Wünschen nachkommt. Am Ende des Gespräch soll somit die Einigung auf eine Lösung stehen, die von beiden akzeptiert werden kann und bei der sich niemand als „Verlierer" fühlt."

Austeilen des Arbeitsblatts „Klärung von Meinungsverschiedenheiten"

4. **Einüben der ersten beiden Schritte („Störung" und „Wünsche") des Modells anhand des Paardialogs in Kleingruppen** (maximal 4 Teilnehmerinnen bzw. Teilnehmer; Arbeitsblätter „Störungen", „Wünsche" und „Dialog") (Arbeitsblätter 15, 16 und Text 1)

Eine Gruppe soll herausfinden und unter Einhaltung der Gesprächsregeln formulieren, was die Frau stört und was sie sich wünscht, danach aufschreiben.
Die andere Gruppe soll das gleiche für den Mann erarbeiten.
Danach soll ein Mitglied der einen und eins der anderen Gruppe den verbesserten Dialog in der Großgruppe vorspielen, eventuell zu Alternativen animieren, möglichst spielerisch verschiedene Varianten ausprobieren („*Wie hätten Sie reagiert?*", „*Haben Sie eine andere Idee?*". Diskussion erst danach).

5. **Einüben der Schritte „Konkretisierung" und „Verhandeln, Prüfen, Versprechen" in der Großgruppe:**

Schritt 3: „Konkretisierung": „*Wie könnte es jetzt weitergehen? Lassen sich die Wünsche präzisieren, könnte man eigene Beiträge vorschlagen?*"

Spielerisches Sammeln von Äußerungen zur Frage „*Was wünsche ich mir konkret vom anderen, was soll er oder sie tun? Wann, wie, wo, mit wem, wie oft?*" und „*Was kann ich selbst dazu beitragen?*"

Sammeln von Verhaltenswünschen an den anderen. Sammeln von Angeboten eigener Verhaltensideen.

Schritt 4: „Verhandeln, Prüfen, Versprechen":

Verhandeln: Äußerungen von Überforderung üben (provozieren, indem man etwas zuviel verlangt, z.B.: „*Wenn nun die Frau sagen würde: „Ich wünsche mir, daß Du das Baby übernimmst, sobald Du nach Hause kommst."*)

Prüfen: Gerechtigkeitsbewertungen beider erfragen, Ausgewogenheit der Beiträge? zu viel verlangt?

Versprechen: Konkrete Festlegungen formulieren.

6. **Arbeitsblatt „Klärung von Meinungsverschiedenheiten" austeilen, Zeit zum Lesen lassen.**

4.4 Anwendung

Ziel:

Übertragung des Konfliktbearbeitungsmodells auf eine eigene Situation, Durchführung mit dem Partner bzw. der Partnerin üben.

Instruktionen:

1. **Hausaufgabe Ärgersituation:** Eine Situation in der Gruppe schildern (am besten eine Situation aus der Partnerschaft, die etwas mit Schwangerschaft, Geburt, Vorbereitung auf das Leben mit dem Kind zu tun hat).

2. **Bearbeitung der Ärgersituation:** Entweder von den Betroffenen selbst „nach den Regeln der Kunst" (Ärgerkontrolle, Gesprächsregeln, vier Schritte des Konfliktlösungsmodells) langsam bearbeiten lassen (wenn die Betroffenen einverstanden sind) (Arbeitsblatt 18).

Falls sie selbst die Situation nicht durchspielen möchten, aber damit einverstanden sind, daß andere dies tun, ist auch dies eine akzeptable Besetzung.

Kursleiter und Kursleiterin erfragen zuerst „den Fahrplan" des Betroffenen („*Wie gehen Sie nun vor?*"), der Ablauf sollte Ärgerkontrolle, Konfliktbearbeitung plus Gesprächsregeln sein.

Erforderlichenfalls beim Ablauf helfen, jedoch zuvor immer erst nach der geplanten Strategie fragen („*Was möchten Sie als nächstes tun?*"); Ziel ist die selbständige Durchführung.

Bei den einzelnen Schritten kann erforderlichenfalls mittels Fragen und / oder Arbeitsblättern zu den einzelnen Themen geholfen werden.

Die anderen Teilnehmerinnen und Teilnehmer sollten möglichst spielerisch einbezogen werden: „*Wer hat eine andere Idee? Wie könnte man das sonst noch sehen? Könnte man das anders sagen?*"

(1) Ärgerkontrolle: Der bzw. die Betroffene gibt eine **möglichst sachliche Situationsbeschreibung,** nennt die **verletzten Ansprüche** und hinterfragt diese (berechtigt? dem anderen bekannt?), **klärt die Verantwortlichkeit** (Verursachung, Handlungsfreiheit, Absehen des Schadens, Schadensabsicht, Schaden in Kauf genommen, Rechtfertigungen? - andere Sichtweisen?) und prüft, ob er oder sie **negative Vorurteile** der ärgerauslösenden Person gegenüber hat.

Der oder die andere Person führt ihrerseits nur bei Bedarf eine Ärgerkontrolle durch.

(2) Konfliktlösungsmodell:

Erster Schritt: Störung (sachliche Beschreibung des Problems, eigene Gefühle angesichts des Problems, Zustandekommen des Problems)

mit **Sprecher- und Zuhörerregeln** (Sprecher: Eigene Gedanken und Gefühle; konkrete Situationen, konkretes Verhalten des anderen, hier und jetzt, eigene Gefühle und Bedürfnisse direkt äußern; Zuhörer: Aufmerksames Interesse, Wiedergabe, Nachfragen, Loben für Offenheit und Verständlichkeit, Ablenkungen äußern), Visualisierung auf Plakat oder Tafel,

danach **Rollentausch.**

Zweiter Schritt: Idealzustand (eigene Bedürfnisse und Wünsche, ohne Rücksichten und Ängste)

mit **Sprecher- und Zuhörerregeln,**

danach **Rollentausch.**

Dritter Schritt: Konkretisierung: Was soll der andere tun, wann, wie oft, wo, mit wem?

mit **Sprecher- und Zuhörerregeln**,

danach **Rollentausch**.

Vierter Schritt: Verhandeln (welche Wünsche sind erfüllbar, welche überfordern?), **Prüfen** (Gerechtigkeit der Lösung?), **Versprechen** (was werde ich konkret wann tun?)

mit **Sprecher- und Zuhörerregeln**,

danach **Rollentausch**.

3. **Blitzlicht, Rückmeldung** (möglichst keine Diskussion):
   "Wie haben Sie sich gefühlt bei der Übung? Was war besonders gut?"

4.5 Erste Hilfe bei Notfällen

Ziel:
Relativierung des Modells: Konstruktive Konfliktbewältigung ist nicht immer möglich. Alternativen für „Notfälle" entwickeln (beispielsweise bei sehr heftigem Ärger oder zu starkem Streß).

Instruktionen:

1. **Notfall: Das Gespräch droht zu entgleisen.**
   Was kann man tun? (Sammeln von Ideen oder schon benutzten Strategien, notieren).

   Abbrechen, vertagen, versöhnen (in drei Spalten anschreiben, konstruktive Varianten zu jeder Strategie sammeln).

2. **Abbrechen:** Wenn man befürchtet, daß das Gespräch entgleist, kann man seine Befürchtung äußern und einen Abbruch vorschlagen. Damit kann eine negative Erfahrung vermieden werden.

   Eine Variante des Abbrechens ist das Weggehen. Dies ist sinnvoll, wenn man anders einem Streit nicht aus dem Weg gehen kann und zuvor dem Partner mitteilt, daß und wann man wiederkommt. Wenn man letzteres nicht tut, kann das Weggehen für den anderen sehr quälend sein.

3. **Vertagen:** Zusätzlich zum Abbruch kann man das Gespräch vertagen, einen anderen Zeitpunkt vereinbaren, an dem das Gespräch wieder aufgegriffen werden soll. Dies bietet die Möglichkeit, Gesprächsbereitschaft zu signalisieren und die Gewißheit für beide, daß ein wichtiges Thema nur vertagt wird und nicht „indiskutabel" geworden ist.

4. **Versöhnen:** Verschiedene Varianten, nämlich
   Vereinbarung von „Tabu-Themen", Themen, von denen man weiß, daß sie für den anderen kränkend sind, ihn unter Druck setzen, Vertrauen mißbrauchen, Schuldgefühle erzeugen, usw. Diese Themen verschärfen einen Streit. Man kann sich in einer guten Stunde einmal zusammensetzen und einander mitteilen, welche Themen man als Tabu-Themen vermieden haben möchte - das darf allerdings nicht in Vorwürfen enden.

   Beispiele: *"Du wolltest ja sowieso keine Kinder", "Du bist wohl schon wieder blau - ja, ganz Dein Vater", "Du hast eben keine Manieren", "Man merkt halt doch, daß Du kein Abitur hast" usw."*

Bekämpfen der Einstellung: „Ich diesmal nicht". Eine ungleiche Verteilung von Versöhnungsangeboten kann man zu guter Zeit einmal als Problem besprechen.

Den Versöhnungsversuchen des Partners Beachtung schenken, Gesprächsbereitschaft signalisieren statt „die kalte Schulter zu zeigen". Wenn man noch zu verletzt oder zu aufgeregt ist, kann man dem Partner mitteilen, daß man noch Zeit braucht.

Versöhnung: Der direkteste Weg besteht im Aussprechen des Wunsches nach Versöhnung, in einem gesprochenen Angebot.

Man kann aber auch durch Gesten signalisieren, daß man versöhnungsbereit ist und den Partner trotz Streites noch mag, z.B. indem man ihm einen Gefallen tut, ihn ein bißchen verwöhnt.

„Eine weitere Möglichkeit wollen wir Ihnen gleich vorschlagen."

4.6 Atemübung

<u>Ziel:</u>

Vorstellung einer „Versöhnungsgeste", mit der ohne Worte Nähe hergestellt werden kann.

<u>Instruktionen</u>:

1. **Gesten als Versöhnungssignal:**
„Manche Paare haben ein eingespieltes System aus Zeichen, Gesten, mit denen sie sich verständigen. Solche Zeichen sind nützlich, weil sie eine Art „Abkürzung" darstellen, die uns viele Worte erspart. Vielleicht könnte die folgende Übung eine solche „Geste" werden:

Stellen Sie sich hintereinander auf, der oder die größere nach hinten, der oder die kleinere nach vorn.

Wer hinten steht, schiebt nun die Arme unter denen des vorderen hindurch und legt sie auf dessen Bauch. Der vordere legt nun seine Hände auf die des hinteren, so daß alle vier Hände übereinander auf dem Bauch des vorderen ruhen.

Schließen Sie nun die Augen. Konzentrieren Sie sich auf die Hände.

Fühlen Sie das Heben und Senken der Bauchdecke unter den Händen.

Der hintere versucht, den Atemrhythmus des Partners nachzufühlen."

Pause, etwa eine Minute.

Danach Rollenwechsel (falls die entsprechende Position nicht möglich oder unbequem ist, kann die hinten stehende Schwangere auch nur eine Hand auf den Bauch des Partners legen. Dazu macht der mit dem Rücken zu ihr vor ihr stehende Partner eine Vierteldrehung nach rechts oder links).

„Wer hinten steht, schiebt nun die Arme unter denen des vorderen hindurch und legt sie auf dessen Bauch. Der vordere legt nun seine Hände auf die des hinteren, so daß alle vier Hände übereinander auf dem Bauch des vorderen ruhen.

Schliesen Sie nun die Augen. Konzentrieren Sie sich auf die Hände.

Fühlen Sie das Heben und Senken der Bauchdecke unter den Händen.

Der hintere versucht, den Atemrhythmus des Partners nachzufühlen."

Pause, etwa eine Minute.

„Öffnen Sie langsam die Augen."

2. Kurzes Blitzlicht: *„Wie war's, wie geht es jetzt?"*

Danach Arbeitsblatt „Techniken für den Notfall II" verteilen und individuelle Ergänzung anregen. (Arbeitsblatt 19)

PAUSE

Baustein 5: Umgang mit Belastungen

5.1 *Einführung: Zwei Briefe*

Ziel:

Anregung zu Vergleichen der Lebenssituationen junger Eltern, die sich in der Anzahl ihrer Belastungsfaktoren unterscheiden. Sensibilisierung für Belastungsfaktoren.

Instruktionen:

1. Zur Einführung in den letzten Baustein werden zwei Briefe von früheren Kursteilnehmerinnen vorgelesen.

> *Liebe Frau R., lieber Herr B.*
> *nun hat es doch ein viertel Jahr gedauert, bis wir endlich unsere Geburtsanzeige zustande bekommen haben. Dafür hat unsere kleine Sabine auf dem Foto aber schon richtige Haare! Georg hat drei Wochen vor Sabines Geburt noch die Stelle gewechselt, das Angebot war einfach zu gut. So sind wir dann holterdipolter noch ganz schnell nach M. umgezogen, erstmal in eine winzige Wohnung im Wohnblock am Stadtrand, jetzt suchen wir uns was anderes. Mit dem Krankenhaus und der Hebamme hatten wir leider nicht so viel Glück, da hat uns wohl einfach die Zeit zum Suchen gefehlt. Inzwischen kenne ich mich aber schon etwas besser aus, denn durch die Wohnungssuche komme ich in der ganzen Stadt herum, und zwar mit dem Kinderwagen. Wir sind froh, daß Georg nun eine ganze Stelle hat, auch wenn meine Stelle in T. dabei auf der Strecke geblieben ist. Im Moment wüßte ich sowieso nicht, wann ich arbeiten gehen sollte. Die Zeit vergeht meist wie im Flug, und wenn mal nicht, dann habe ich „Sabine-Bereitschaft", denn die Tanten und Großmütter sind natürlich alle in T. geblieben. Zur Taufe kamen sie alle zu Besuch, aber der Weg ist doch weit. Falls Sie mal nach M. kommen, sind Sie jedenfalls wärmstens eingeladen uns zu besuchen. Ich wünsche Ihnen alles Gute und grüße Sie herzlich, auch im Namen von Georg, Ihre Yoshi T.*

> *Liebe Frau R., lieber Herr K.,*
> *es geht uns gut! Manchmal schwanken wir wie die Schlafwandler durchs Haus, aber unsere kleine Mechthild ist ein richtiger Sonnenschein, der uns die kurzen Nächte schnell vergessen läßt. Die Geburt war zwar happig, aber unsere schon vertraute Hebamme war ein Segen. Das neue Haus ist glücklicherweise noch so rechtzeitig fertig geworden, daß wir in Ruhe umziehen und uns einrichten konnten. Wir haben nette Nachbarn, viele mit Kindern, und sind froh, daß wir nun nicht mehr in der Innenstadt wohnen, sondern sogar näher bei meinen Eltern und meiner Schwester. Alex hat es auch näher zur Arbeit, denn er hat sein Büro im Haus. Für mich ist das sehr praktisch, weil ich ja schon wieder arbeite („nur" halbtags, aber das ist mehr als genug). Wir haben gleich nach der Geburt eine sehr liebe Kinderfrau gefunden, die viel Erfahrung mit Kindern hat und auch einiges an Haushaltsarbeit erledigt. Das ist eine große Entlastung! Wenn es draußen wieder wärmer wird, machen wir mal einen Spaziergang zu Ihnen mit unserem „Cabrio" (Kinderwagen!). Bis dann, mit lieben Grüßen, Ihre Petra M.*

2. **Unterschiede sammeln: Wie unterscheiden sich die beiden Lebenslagen?**

(an der Tafel in Listenform notieren:

fremdere versus weniger fremde Umgebung macht Orientierung schwieriger versus leichter,

keine versus mehr Entlastungsmöglichkeiten (Kinderfrau, Haushaltshilfe, Mann im Haus),

Geburt in unbekannter versus bekannter Umgebung,

kleine Wohnung versus Haus,

kaum Bekannte und Verwandte versus nette Nachbarn, Eltern und Schwester in der Nähe;

im Effekt mehr versus weniger Belastungsempfinden, die Briefe wirken mehr versus weniger beschwert).

5.2 Wirkungen von Belastungen

Ziel:
Über die Wirkungen von Belastungsfaktoren nachdenken: Belastungsfaktoren ziehen Zeit und Energie von der Erfüllung von Aufgaben ab.

Instruktionen:

1. **Beispiel „schwierige Aufgabe" unter Störbedingungen - Situation vorstellen lassen:**
Vorstellung, man müßte ein zappelndes Baby zum ersten Mal wickeln. Auf dem Herd steht ein Topf mit Wasser und Flaschensaugern, die man auskochen will. Das Telefon klingelt, der Partner kommt ins Zimmer und fragt aufgeregt nach dem Autoschlüssel, da er sofort weg muß, um pünktlich zu einem Termin zu sein. In der Küche klappert der Topfdeckel auf dem kochenden Wassertopf. Das Baby beginnt zu schreien, der Klebeverschluß der Windel ist mit Creme verschmiert und klebt nicht mehr.

In die Situation versetzen, wie würde man sich fühlen? Überlegen, was man tun würde. (Zeit lassen!)

Alternative vorstellen: Man wickelt zum ersten Mal das Baby. Es steht kein Topf auf dem Herd, alles ist still, man ist mit sich und dem Kind allein im Haus. Man spricht mit dem Kind, beobachtet es. Der Klebeverschluß an der Windel hält nicht, weil er mit Creme verschmiert ist.

In die Situation versetzen, wie würde man sich fühlen? Überlegen, was man tun würde. (Zeit lassen!)

Einige Reaktionen erfragen, nicht sehr vertiefen, Leitfragen: *„Was war der gefühlsmäßige Unterschied zwischen der ersten und der zweiten Situation? Haben Sie unterschiedliche Lösungen für das Mißgeschick gefunden?"*

2. **Störbedingungen, Belastungsfaktoren ziehen Zeit und Energie ab.**

„In beiden Fällen, den Elternberichten und in der vorgestellten Situation, gibt es unterschiedliche Ausmaße von Belastungen. Wie wirkt sich das aus?" (im Kreis sammeln).

5.3 Bewältigungsstrategien: Verändern, umgehen, verschieben, stützen

<u>Ziel:</u>

Möglichkeiten des Umgangs mit Belastungsfaktoren erarbeiten: Verändern, umgehen, verschieben, stützen.

<u>Instruktionen:</u>

1. **Belastungsfaktoren sammeln, Liste ergänzen:** Die Teilnehmerinnen und Teilnehmer suchen bei sich selbst bzw. in ihren Erfahrungen nach Belastungsfaktoren zur Ergänzung der Liste.

2. **Welche Möglichkeiten hat man, mit solchen Belastungsfaktoren umzugehen?**

   „Wenn wir nun wissen, daß solche Belastungen uns Zeit und Kraft nehmen, die wir dringend bei unserer neuen Aufgabe brauchten: Was könnten wir tun?"

   Anhand einzelner Belastungsfaktoren auf der Liste erarbeiten: verändern, umgehen, verschieben, stützen (anschreiben)

   Danach Reihenfolge des Umgangs entwickeln:
   (1) veränderbar oder nicht?
   (2) wenn veränderbar: umgehen oder verschieben? Im Ausmaß reduzieren?
   (3) wenn nicht veränderbar: Stützmaßnahmen möglich? Welche?

3. **Übertragung auf eigene Belastungsfaktoren, Umgang in der entwickelten Reihenfolge durchspielen.**

   Teilnehmerinnen und Teilnehmer diskutieren Umgangsmöglichkeiten anhand der genannten antizipierten Belastungsfaktoren.

   Am Ende: Arbeitsblatt mit Zusammenfassung austeilen.

Zusammenfassung, Ausblick und Verabschiedung

<u>Instruktionen</u>

1. **Blitzlichtrunde zur Evaluation (vorher-nachher-Vergleich):**

   „Wenn Sie einmal an den Beginn unseres ersten Kurstages zurückdenken - was Sie sich damals über ihre neue Lebenssituation gedacht haben, wie Sie sich dabei gefühlt haben." (Pause) *„Hat sich da etwas geändert im Laufe unserer gemeinsamen Zeit? - Denken Sie anders, mehr, weniger, konkreter? Wie sind ihre Gefühle jetzt?"*

2. **Ausblick: Kontakte sind hilfreich.**

   „Im letzten Baustein wurde angesprochen, daß Freunde und Bekannte hilfreiche Stützen beim Übergang zur Elternschaft sein können. Man kann sich gegenseitig aushelfen, Erfahrungen austauschen oder auch einfach nur zusammen an den Kindern freuen - letzteres geht besonders gut, wenn die anderen in der gleichen Lebenslage sind. Etliche frühere Kursteilnehmerinnen und -teilnehmer haben ihre Gruppe privat weitergeführt oder sind mehr oder weniger geschlossen in einen anderen Elternkurs gegangen, manche sind Freunde geworden. Wenn Sie nachher ihre Telefonnummern und Adressen austauschen, können Sie sich in ein paar Wochen gegenseitig ihre Babys vorstellen und sich in der neuen Rolle kennenlernen."

3. **Verabschiedung**

Literatur

Ariès, P. (1992). *Geschichte der Kindheit* (10. Aufl.). München: Carl Hanser.

Averill, J. R. (1982). *Anger and aggression. An essay on emotion*. New York: Springer.

Brandtstädter, J. (1985). Entwicklungsberatung unter dem Aspekt der Lebensspanne: Zum Aufbau eines entwicklungspsychologischen Anwendungskonzeptes. In J. Brandtstädter & H. Gräser (Hrsg.), *Entwicklungsberatung unter dem Aspekt der Lebensspanne* (S. 1-15). Göttingen: Hogrefe.

Cowan, C. P. & Cowan, P. A. (1987). A preventive intervention for couples becoming parents. In C. F. Z. Boukidis (Ed.), *Research on support for parents and infants in the postnatal period* (pp. 225-251). Norwood: Ablex.

Cowan, C. P. & Cowan, P. A. (1994). *Wenn Partner Eltern werden. Der große Umbruch im Leben des Paares*. München: Piper.

El-Giamal, M. (1997). Veränderungen der Partnerschaftszufriedenheit und Streßbewältigung beim Übergang zur Elternschaft: Ein aktueller Literaturüberblick. *Psychologie in Erziehung und Unterricht, 44,* 256-275.

El-Giamal, M. (1999). Die Fribourger Zeitstichprobenstudie zum Übergang zur Elternschaft: Differentielle Veränderungen der Partnerschaftszufriedenheit. In B. Reichle & H. Werneck (Hrsg.), *Übergang zur Elternschaft. Aktuelle Studien zur Bewältigung eines unterschätzten Lebensereignisses* (S. 185-203). Stuttgart: Enke.

Ettrich, C. & Ettrich, K. U. (1995). Die Bedeutung sozialer Netzwerke und erlebter sozialer Unterstützung beim Übergang zur Elternschaft - Ergebnisse einer Längsschnittstudie. *Psychologie in Erziehung und Unterricht, 42,* 29-39.

Gloger-Tippelt, G. (1988). *Schwangerschaft und erste Geburt. Psychologische Veränderungen der Eltern*. Stuttgart: Kohlhammer.

Gloger-Tippelt, G., Rapkowitz, I., Freudenberg, I. & Maier, S. (1995). Veränderungen der Partnerschaft nach der Geburt des ersten Kindes. Ein Vergleich von Eltern und kinderlosen Paaren. *Psychologie in Erziehung und Unterricht, 42,* 255-269.

Gottman, J. M. (1994). *What predicts divorce? The relationship between marital processes and marital outcomes*. Hillsdale: Erlbaum.

Hahlweg, K. (1991). Störung und Auflösung von Beziehung: Determinanten der Ehequalität und -stabilität. In M. Amelang, H. J. Ahrens & H. W. Bierhoff (Hrsg.), *Partnerwahl und Partnerschaft. Formen und Grundlagen partnerschaftlicher Beziehungen* (S. 152-171). Göttingen: Hogrefe.

Hahlweg, K., Schindler, L. & Revenstorf, D. (1982). *Partnerschaftsprobleme: Diagnose und Therapie*. Berlin: Springer.

Ihle, W., Löffler, W., Esser, G., Laucht, M. & Schmidt, M. H. (1992). Die Wirkung von Lebensereignissen auf die kognitive und sozial-emotionale Entwicklung im frühen Kindesalter. *Zeitschrift für Kinder- und Jugendpsychiatrie, 20,* 77-84.

Jacobson, E. (1976). *You must relax*. London: Unwin.

Jurgan S., Gloger-Tippelt, G. & Ruge, K. (1999). Veränderungen der elterlichen Partnerschaft fünf Jahre nach der Geburt des ersten Kindes. In B. Reichle & H. Werneck (Hrsg.), *Übergang zur Elternschaft. Aktuelle Studien zur Bewältigung eines unterschätzten Lebensereignisses* (S. 37-61). Stuttgart: Enke.

LeMasters, E. (1957). Parenthood as crisis. *Marriage and Family Living, 19*, 352-355.

Markman, H. J., Renick, M. J., Floyd, F. J., Stanley, S. M. & Clements, M. (1993). Preventing marital distress through communication and conflict management training: A 4- and 5-year follow-up. *Journal of Consulting and Clinical Psychology, 61*, 70-77-

Montada, L. (1989a). Bildung der Gefühle. *Zeitschrift für Pädagogik, 35*, 293-312.

Montada, L. (1989b). *Möglichkeiten der Kontrolle von Ärger im Polizeidienst* (Berichte aus der Arbeitsgruppe „Verantwortung, Gerechtigkeit, Moral" Nr. 51). Trier: Universität Trier, Fachbereich I- Psychologie.

Montada, L. (1995). Entwicklungspsychologie und Anwendungspraxis. In R. Oerter & L. Montada (Hrsg.) *Entwicklungspsychologie. Ein Lehrbuch* (3. vollst. überarb. und erw. Aufl.) (S. 895-914). Weinheim: Psychologie Verlags Union.

Müller-Fohrbrodt, G. (1999). *Konflikte konstruktiv bearbeiten lernen- - Zielsetzungen und Methodenvorschläge.* Leverkusen: Leske + Budrich.

Nickel, H. (1999). Übergang zur Elternschaft, Familienentwicklung und Generativität in drei Kontinenten. Ein interkulturelles Forschungsprojekt. In B. Reichle & H. Werneck (Hrsg.), *Übergang zur Elternschaft. Aktuelle Studien zur Bewältigung eines unterschätzten Lebensereignisses* (S. 55-75). Stuttgart: Enke.

Novaco, R.W. (1975). *Anger control.* Lexington: Lexington Books.

Papousek, M. & von Hofacker, N. (1995). Persistent crying and parenting: Search for a butterfly in a dynamic system. *Early Development and Parenting, 4*, 209-224.

Patterson, G. R. & Reid, J. B. (1970). Reciprocity and coercion: Two facets of social systems. In C. Neuringer & J. L. Michael, (Eds.), *Behavior modification in clinical psychology* (pp. 13-177). New York: Appleton.

Quaiser-Pohl, C. (1999). Kindbezogene Einstellungen, Rollenauffassungen und partnerschaftliche Zufriedenheit junger Eltern aus Deutschland und Südkorea. In B. Reichle & H. Werneck (Hrsg.), *Übergang zur Elternschaft. Aktuelle Studien zur Bewältigung eines unterschätzten Lebensereignisses* (S. 77-91). Stuttgart: Enke.

Reichle, B. (1994a). *Die Geburt des ersten Kindes - eine Herausforderung für die Partnerschaft. Verarbeitung und Folgen einer einschneidenden Lebensveränderung.* Bielefeld: Kleine.

Reichle, B. (1994b). Die Zuschreibung von Verantwortlichkeit für negative Ereignisse in Partnerschaften: Ein Modell und erste empirische Befunde. *Zeitschrift für Sozialpsychologie, 25*, 227-237.

Reichle, B. (1995). Lastenverteilung als Gerechtigkeitsproblem: Umverteilungen nach der Geburt des ersten Kindes und ihre Folgen. *Berichte aus dem Zentrum für Gerechtigkeitsforschung an der Universität Potsdam, 2*, 145-155.

Reichle, B. (1996a). From is to ought and the kitchen sink: On the justice of distributions in close relationships. In L. Montada & M. J. Lerner (Eds.), *Current societal concerns about justice* (pp. 103-135). New York: Plenum.

Reichle, B. (1996b). Der Traditionalisierungseffekt beim Übergang zur Elternschaft. *Zeitschrift für Frauenforschung, 14,* 70-89.

Reichle, B. (1997, Juni). *Verantwortlichkeitszuschreibungen und Emotionslogiken in Partnerschaften: Der Ärger der Männer ist nicht der Ärger der Frauen.* Vortrag anläßlich der Tagung der Fachgruppe Sozialpsychologie in der deutschen Gesellschaft für Psychologie, Konstanz.

Reichle, B. (1998). Verantwortlichkeitszuschreibungen und Ungerechtigkeitserfahrungen in partnerschaftlichen Bewältigungsprozessen. In B. Reichle & M. Schmitt (Hrsg.), *Verantwortung, Gerechtigkeit und Moral* (S. 47-62). Weinheim: Juventa.

Reichle, B. & Gefke, M. (1998). Justice of conjugal divisions of labor: You can't always get what you want. *Social Justice Research, 3,* 271-287.

Reichle, B. & Montada, L. (1994). Problems with the transition to parenthood: Perceived responsibility for restrictions and losses and the experience of injustice. In M. J. Lerner & G. Mikula (Eds.), *Justice in close relationships: Entitlement and the affectional bond* (pp. 205-228). New York: Plenum.

Reichle, B. & Montada, L. (1999). Übergang zur Elternschaft und Folgen: Der Umgang mit Veränderungen macht Unterschiede. In B. Reichle & H. Werneck (Hrsg.), *Übergang zur Elternschaft. Aktuelle Studien zur Bewältigung eines unterschätzten Lebensereignisses* (S. 205-224). Stuttgart: Enke.

Reichle, B. & Werneck, H. (Hrsg.). (1999). *Übergang zur Elternschaft. Aktuelle Studien zur Bewältigung eines unterschätzten Lebensereignisses.* Stuttgart: Enke.

Scarr, S. (1988). *Wenn Mütter arbeiten. Wie Kinder und Beruf sich verbinden lassen* (2. unveränd. Aufl.). München: C. H. Beck.

Schindler, L., Hahlweg, K. & Revenstorf, D. (1980). *Partnerschaftsprobleme: Möglichkeiten zur Bewältigung.* Berlin: Springer.

Schmidt, M. H., Esser, G., Laucht, M. (1997). Die Entwicklung nach biologischen und psychosozialen Risiken in der frühen Kindheit. In C. Leyendecker & T. Horstmann (Hrsg.), *Frühförderung und Frühbehandlung. Wissenschaftliche Grundlagen, praxisorientierte Ansätze und Perspektiven interdisziplinärer Zusammenarbeit* (S. 174-191). Heidelberg: Edition Schindele.

Schneewind, K. A. & Sierwald, W. (1999). Frühe Paar- und Familienentwicklung: Befunde einer fünfjährigen prospektiven Längsschnittstudie. In B. Reichle & H. Werneck (Hrsg.), *Übergang zur Elternschaft. Aktuelle Studien zur Bewältigung eines unterschätzten Lebensereignisses* (S. 149-164). Stuttgart: Enke.

Schneewind, K. A., Vaskovics, L. A., Gotzler, P, Hofmann, B., Rost, H. Schlehlein, B., Sierwald, W. & Weiss, J. (1996). *Optionen der Lebensgestaltung junger Ehen und Kinderwunsch. Verbundstudie-Endbericht* (Schriftenreihe des Bundesministeriums für Familie, Senioren, Frauen und Jugend, Bd. 128.1, S. 165-265). Stuttgart: Kohlhammer.

Schneewind, K. A., Vierzigmann, G. & Backmund, V. (1995). Scheidung. In R. Oerter & L. Montada (Hrsg.), *Entwicklungspsychologie. Ein Lehrbuch* (3., vollständig überarbeitete und erweiterte Aufl.) (S. 1101-1109). Weinheim: PsychologieVerlagsUnion.

Schneider, N. F. & Rost, H. (1999). Soziologische Aspekte des Übergangs zur Elternschaft. In B. Reichle & H. Werneck (Hrsg.), *Übergang zur Elternschaft. Aktuelle Studien zur Bewältigung eines unterschätzten Lebensereignisses* (S. 19-36). Stuttgart: Enke.

Schulz von Thun, F. (1981). *Miteinander reden. Störungen und Klärungen*. Reinbeck: Rowohlt.

Weindrich, D., Laucht, M., Esser, G. & Schmidt, M. H. (1992). Disharmonische Partnerbeziehung der Eltern und kindliche Entwicklung im Säuglings- und Kleinkindalter. *Praxis der Kinderpsychologie und Kinderpsychiatrie, 41,* 114-118.

Wendtland, W. (1992). *Entspannung im Alltag*. Weinheim: Beltz.

Werneck, H. (1998). *Übergang zur Vaterschaft. Auf der Suche nach den „Neuen Vätern"*. Wien: Springer.

Wicki, W. (1998). Gesprächsgruppen für Ersteltern. In Marie-Meierhofer-Institut für das Kind (Hrsg.) *Startbedingungen für Familien* (S. 233-247). Zürich: Pro Juventute Verlag.

Wicki, W. (1999). Familiale Ressourcen in der Berner Studie zum Übergang zur Elternschaft: Explikation und Funktionen. In B. Reichle & H. Werneck (Hrsg.), *Übergang zur Elternschaft. Aktuelle Studien zur Bewältigung eines unterschätzten Lebensereignisses* (S. 225-237). Stuttgart: Enke.

Worthington, E. L., Jr. & Buston, B. G. (1987). The marriage relationship during the transition to parenthood. A review and a model. *Journal of Family Issues, 7,* 443-473

Teil III

Arbeitsblätter

Diese Kopiervorlagen stehen für die Vervielfältigung im Rahmen von Kursen zur Verfügung. Das Kopieren ist nur dem Erwerber der Vorlagen selbst gestattet. Die Weitergabe der Vorlagen oder von Kopien in Gruppenstärke an Dritte und die gewerbliche Verwertung oder Nutzung sind untersagt und werden verfolgt.
Die Abgabe einschließlich des Rechts zur Vervielfältigung erfolgt direkt über den Juventa Verlag, Ehretstr. 3, 69469 Weinheim, oder über den Buchhandel unter Angabe des Endbenutzers bei Bestellung.

Dialog

Vater 1: Das Baby schreit.

Mutter 1: (keine Antwort, blättert weiter in einer Illustrierten)

Vater 2: Ja, aber vielleicht fehlt ihr irgendetwas?

Mutter 2: Hunger hat sie jedenfalls nichts. Sie hat vorhin erst ihre Milch gekriegt.

Vater 3: Naja, aber vielleicht hat sie ja sonst irgendetwas?

Mutter 3: Ich hab' schon alles mögliche probiert. Babies schreien halt ab und zu mal.

Vater 4: Das hält doch niemand aus. Irgendwas muß man doch machen.

Mutter 4: Soll das heißen, daß ich mich jetzt darum kümmern soll, damit Du Deine Ruhe hast?! Was glaubst Du denn, was ich den ganzen Tag mache? Das sind die ersten fünf Minuten, in denen ich mal Zeit habe, in der Zeitschrift zu blättern!

Vater 5: (ironisch) Ich habe mich ja auch den ganzen Tag lang ausgeruht...

Mutter 5: So, und wie es mir geht, das interessiert Dich überhaupt nicht. Den ganzen Tag sich immer nur ums Kind und den Haushalt kümmern zu müssen, das hab' ich mir auch anders vorgestellt. Du könntest ruhig auch mal ein bißchen mehr tun...

Vater 6: (ist dabei, zum Kind zu gehen)

Mutter 6: Und Du gewöhnst sie auch dran, daß bei jedem Pieps jemand gelaufen kommt. Das ist das Falscheste, was man machen kann!

Vater 7: Das ist ja wohl die Höhe. Gerade wolltest Du noch, daß ich Dir helfe, und jetzt hat es sich die gnädige Frau wieder anders überlegt. Daß sich Frauen nie entscheiden können!

Mutter 7: Wer kann sich denn hier nie entscheiden?! Wie war das denn, als wir das Kinderbett von meiner Schwester bekommen konnten und Du drei Wochen lang überlegen mußtest, ob ein Kinderbett mit drei Schlupfgitterstäben nicht besser ist?

Vater 8: Das hatte ja wohl ganz andere Gründe. Aber Du weißt ja immer sofort, was das Beste für unser Kind ist!

Mutter 8: Frauen haben halt nun mal mehr Ahnung von Kindererziehung!

Vater 9: (ärgerlich) Klar, aber schreien tut das Kind immer noch!

Mutter 9: Wer schreit hier?!

Große Entspannungsübung
(„Progressive Muskelentspannung" nach Jacobson)

„Wir machen die Übung jetzt im Sitzen. Setzen Sie sich bequem, legen Sie die Hände auf die Oberschenkel.

Man erreicht eine tiefere Entspannung dadurch, daß man gezielt einzelne Muskelpartien zuerst anspannt und dann entspannt. Man kann das einmal machen oder auch mehrfach nacheinander.

Versuchen wir das zuerst einmal am Beispiel unserer Hand:

Ballen Sie jetzt die Faust. Halten Sie die Spannung etwa 10 Sekunden lang an – gerade so stark, daß Sie ein leichtes Ziehen verspüren und ein deutliches Gefühl für die Lage der Muskeln bekommen. Es soll nicht zu einer Verkrampfung kommen. Lösen Sie dann die Spannung, ohne sich viel dabei zu bewegen und konzentrieren Sie sich etwa eine halbe Minute lang auf die Empfindungen, die dann in den Muskeln entstehen.

Zum besseren Verständnis gehen wir jetzt die einzelnen Muskelgruppen durch, bevor wir dann mit der eigentlichen Übung beginnen. Ich erkläre jede Muskelgruppe einzeln, mache es Ihnen vor, und Sie versuchen bitte, mitzumachen:

Die **Handmuskeln** spannen wir an, indem wir eine Faust machen, Daumen nach oben.

Den **Bizeps, Armbeuger,** spannen wir an, indem wir den Unterarm zum Oberarm beugen, Handflächen nach außen.

Den **Trizeps, Armstrecker,** spannen wir an, indem wir den Unterarm flach auf den Unterschenkel auflegen und dabei die Handflächen nach unten drücken.

Die **Stirn** können wir anspannen, indem wir die Augenbrauen hochziehen, und danach, indem wir die Augenbrauen zusammenziehen.

Die **Nase** können wir anspannen, indem wir sie rümpfen.

Die **Lippen** spannen wir an, indem wir sie aufeinanderpressen, ohne dabei die Zähne aufeinanderzubeißen. Zwischen Ober- und Unterkiefer soll ein kleiner Abstand bleiben.

Die **Zunge** spannen wir an, indem wir sie gegen den Gaumen drücken.

Die **Kaumuskeln** spannen wir an, indem wir die Zähne zusammenbeißen.

Die **Nackenmuskulatur** spannen wir an, indem wir das Kinn auf das Brustbein drücken.

Die **Schultermuskulatur** spannen wir an, indem wir die Schultern bis zu den Ohren hochziehen.

Den **Brustkorb** spannen wir an, indem wir tief einatmen, so daß sich der Brustkorb wölbt.

Den **Po** spannen wir an, indem wir ihn gegen den Sitz drücken und gleichzeitig versuchen, etwas nach oben zu wachsen.

Die **Oberschenkelmuskeln** spannen wir an, indem wir so tun, als wollten wir die Füße nach vorne wegschieben.

Die **Unterschenkelmuskeln** spannen wir an, indem wir die Füße und Zehen zu uns hinziehen.

Setzen Sie sich jetzt ganz bequem hin, Unterarme auf die Oberschenkel.

Ich möchte Sie jetzt bitten, die Muskeln der einzelnen Körperteile nacheinander anzuspannen. Schließen Sie die Augen.

Halten Sie die Spannung jeweils etwa 10 Sekunden lang an – gerade so stark, daß Sie ein leichtes Ziehen verspüren und ein deutliches Gefühl für die Lage der Muskeln haben; es soll nicht zu einer Verkrampfung kommen.

© 1999 Juventa Verlag GmbH, Weinheim und München

Lösen Sie dann die Spannung, ohne sich viel dabei zu bewegen und konzentrieren Sie sich etwa eine halbe Minute lang auf die Empfindungen, die dann in den Muskeln entstehen.

Ballen Sie jetzt eine Faust. Stellen Sie sich vor, Sie wollten mit der Hand eine Walnuß knacken. Halten Sie die Spannung ... und entspannen Sie jetzt.

Lassen Sie die Hand liegen, bewegen Sie sie nicht, beobachten Sie das Kribbeln und das Wärmegefühl.

Spannen Sie nun den Bizeps an, den Armbeuger, führen Sie die Hand geöffnet in Richtung Schulter. Halten Sie die Spannung ... entspannen Sie jetzt, legen Sie den Arm wieder so, daß es bequem ist. Fühlen Sie, wie sich die Entspannung anfühlt.

Spannen Sie den Trizeps an, den Armstrecker. Lassen Sie dazu den Unterarm flach auf der Unterlage aufliegen, drücken Sie die Handflächen nach unten, ohne dabei den Unterarm anzuheben ... halten Sie die Spannung ... und entspannen Sie wieder. Achten Sie auf das Gefühl in Ihren Unterarmmuskeln beim Entspannen.

Legen Sie jetzt die Stirn in Falten. Lassen Sie die Augen dabei geschlossen und ziehen Sie die Augenbrauen hoch, so daß Querfalten auf der Stirn entstehen. Halten Sie die Spannung ... und entspannen Sie jetzt.

Ziehen Sie jetzt die Augenbrauen zusammen, machen Sie senkrechte Falten von der Nase bis in die Stirn ... halten Sie die Spannung ... entspannen Sie wieder und beobachten Sie, wie die Stirn wieder ganz glatt wird.

Pressen Sie nun die Lippen aufeinander (nicht die Zähne!) ... entspannen Sie jetzt ...

Drücken Sie jetzt die Zunge gegen den Gaumen, so, als wollten Sie mit ihr ein Loch in den Gaumen bohren ... halten Sie die Spannung ... entspannen Sie jetzt und lassen Sie die Zunge wieder locker im Unterkiefer liegen...

Spannen Sie nun die Kaumuskeln an, indem Sie die Zähne zusammenbeißen ... entspannen Sie ...

Dehnen Sie die Nackenmuskulatur, indem Sie das Kinn auf das Brustbein drücken ... entspannen Sie ...

Spannen Sie nun die Schultermuskulatur an, indem Sie die Schultern bis zu den Ohren hochziehen ... entspannen Sie ... und lassen Sie die Schultern ganz herunterfallen ...

Spannen Sie den Brustkorb an. Atmen Sie tief ein, so daß sich der Brustkorb wölbt. Halten Sie dann den Brustkorb so und atmen Sie nur flach weiter. ... Entspannen Sie, lassen Sie den Brustkorb zusammenfallen, atmen Sie weiter vor allem in den Bauchraum hinein...

Spannen Sie die Oberschenkelmuskulatur an, tun Sie so, als wollten Sie die Füße nach vorne wegschieben. Spüren Sie die Muskelspannung in den Oberschenkeln ... entspannen Sie ...

Spannen Sie die Unterschenkelmuskulatur an, biegen Sie die Füße und die Zehen stark zu sich hin. Sie merken die Spannung in den Waden. ... Entspannen Sie ...

Bleiben Sie noch einige Minuten ganz ruhig sitzen. Machen Sie nun die Reise durch Ihren Körper zurück, ganz langsam, bis Sie wieder bei Ihrer Hand sind.

Wenn Sie jetzt Ihren Körper durchwandert haben, richten Sie Ihre Aufmerksamkeit wieder auf die Umgebung hier, die Geräusche, recken Sie sich. Strecken Sie sich aus, vielleicht müssen Sie gähnen, kommen Sie langsam wieder hier an."

© 1999 Juventa Verlag GmbH, Weinheim und München

Streitgespräch der drei Männer über die tägliche Versorgung von Marie

Jacques 1: (*verzweifelt, etwas theatralisch*): Also, hört mir zu, ich habe alles versucht, nichts funktioniert. Meine Mutter ist in der Karibik, Silvia in den USA, Pierre erträgt keine Frau in der Wohnung, im Kinderhort ist auch nichts mehr frei. Madame Rodriguez redet nicht mehr mit uns, seitdem die Bullen hier gewesen sind. Sie weigert sich ja inzwischen, uns die Wohnung zu putzen. Ich weiß nicht mehr, was ich machen soll! Wollt Ihr, daß ich ausziehen soll mit dem Kind unter dem Arm? Soll ich zur Fürsorge gehen?!

Pierre 1: (*ironisch*): Kenn ich doch, das alte Lied! (*mimt einen Geiger*)

Jacques 2: Nein, ich mein' das ganz ehrlich. Was habt Ihr denn vorzuschlagen?

Michel 1: Ich stelle fest: Seine Mutter kommt allenfalls in vier Monaten zurück. (*zuversichtlich*): Wir werden ja hier nicht Tag für Tag vertun, um für so eine kurze Zeit eine Lösung zu finden. Wir richten uns ein, zu dritt kriegen wir das hin. Klar! Was sind schon vier Monate!

Jacques 3: (*drohend*): Was meinst Du, wir richten uns ein? Oho! Also ich bin dauernd unterwegs!

Pierre 2: (*etwas frostig*): Dann läßt Du Dich eben mal für eine gewisse Zeit zum Bodenpersonal versetzen, aus schwerwiegenden familiären Gründen.

Jacques 4: (*sehr bestimmt*). Oh nein, nein, das kommt gar nicht in Frage! Ich hab' mir den Job wegen der Reisen gesucht, und die geb' ich auch nicht auf!

Pierre 3: (*sehr bestimmt*): Dann geb' sie in die Fürsorge, weil, ... wir machen das nicht mehr alleine! Nachts nur vier Stunden Schlaf, ich kann nicht mehr!

Michel 2: (*zu Pierre, ärgerlich*): Hör' endlich auf! Spiel Dich nicht auf! (*zu Jacques, befehlend*): Du verlangst Deine vorläufige Versetzung zum Bodenpersonal und versprichst ...

Jacques 5: (*sehr bestimmt*): Nein!

Michel 3: (*unbeirrt befehlend*): ... und Du übernimmst die erste Schicht von sechs Uhr in der Früh' bis zehn Uhr. Das macht zwei Fläschchen und zweimal Wickeln. Und abends, wenn Du von der Arbeit kommst, kannst Du Deine Einkäufe machen. Ich, weil ich ja daheim arbeite, übernehme gern' die Schicht von zehn bis achtzehn Uhr. Ich bring' sie gern' an die frische Luft, aber im Haus mache ich nichts! Keine Einkäufe, keinen Abwasch, kein Essen! Pierre macht die Schicht von achtzehn bis zweiundzwanzig Uhr. Zweimal Fläschchen, zweimal trockenlegen, Du badest sie, sorgst für ihr Essen und machst die Wäsche!

Jacques 6: (*verzweifelt*): Stellt Euch nur vor was das für ein Leben wird. Oh Gott!!

Pierre 4: (*zögernd, etwas mißtrauisch*): Und in der Nacht, wenn sie nachts aufwacht, wer ist dann dran?

Michel 4: (*zu Pierre, etwas vorsichtig*) Ja, da hab' ich ehrlich gesagt an Dich gedacht.

Pierre 5: (*bestimmt*): Oh nein, oh nein! Nachts mach' ich nichts! Kommt nicht in Frage!

Jacques 7: (*bestimmt*): Und Ihr kennt mich ja, ist ja klar, daß ich mich auch weigere!

Michel 5: (*beleidigt*): Oho, ich soll wieder der Dumme sein. Ich mache die größte Schicht, acht Stunden hintereinander. Ich opfere nicht noch meine Nacht, kommt nicht in Frage! Sie soll brüllen, wann sie will, es geht mich nichts an!

Pierre 6: (*ärgerlich*): Hör' mal Jacques, Du bist wirklich ein fauler Sack! Wir geben Dir schon die leichteste Schicht, die am Morgen. (*zu Michel*) Stimmt doch, da ist sie immer wunderbar zu haben! Wir schlagen uns seit Wochen die Nächte um die Ohren. Monsieur möchte gerne nachts verschont werden. Da kann ich nur Scheiße sagen! Immerhin ist sie Deine Tochter. Jetzt wird es endlich Zeit, daß Du das akzeptierst!

Jacques 8: (*wütend*): Na sag' mal, akzeptiert Ihr doch was Ihr wollt! Ist mir egal, ich werde mich nicht auf den Boden versetzen lassen. Ihr könnt mich mal! Glaubt Ihr, daß ich Euch brauch'? Ich werd' ganz alleine eine Lösung finden! (*verläßt wütend das Zimmer*)

© 1999 Juventa Verlag GmbH, Weinheim und München

1. Interview

ANGABEN ZUR PERSON

Name und z. B. Wohnung, Beruf, Hobbies ...
etwas, was mein Interviewpartner / meine Interviewpartnerin von sich erzählen möchte ...

AB 1

2. Interview

VORBEREITUNG AUF DAS KIND

z.B. Geburtsvorbereitungskurs, Gespräche mit Freunden, Eltern o.a., Einkäufe u.s.w.

3. Interview

ERWARTUNGEN UND BEFÜRCHTUNGEN ZUM KURS

Positive und negative Vorstellungen über Kursinhalte, Wünsche

AB 4

Zeitkuchen im Paarstadium (ohne Kind)

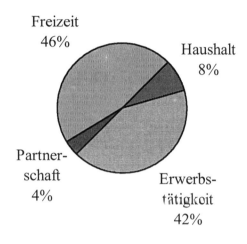

Zugrunde liegen die durchschnittlichen Angaben vollzeitlich erwerbstätiger Personen für einen Arbeitstag:
Haushalt (2 Std.); Partnerschaft (1 Std.); Freizeit (11 Std.) enthält auch Schlafenszeiten; Erwerbszeit (10 Std.) enthält auch Wegezeiten.

© 1999 Juventa Verlag GmbH, Weinheim und München

Zeitkuchen eines normalen Arbeitstags ohne Kind

von ....
(Name)

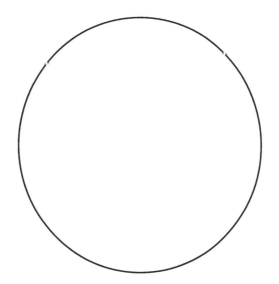

Teilen Sie Ihren Zeitkuchen in folgende Bereiche ein:

- **Haushalt**
- **Erwerbstätigkeit**
- **Partnerschaft**
- **Freizeit**

Zeitkuchen eines normalen Arbeitstags mit Kind (nach dem Mutterschutz)

von ....
(Name)

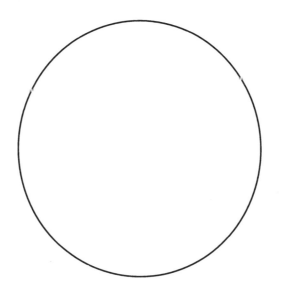

Teilen Sie Ihren Zeitkuchen in folgende Bereiche ein:

- **Haushalt**
- **Erwerbstätigkeit**
- **Partnerschaft**
- **Freizeit**
- **Versorgung des Kindes**

AB 7

Zeitkuchen eines normalen Arbeitstags mit (oben) und ohne Kind (nach dem Mutterschutz; unten)

von ....&..
(Namen)

Jetzt

Wenn das Kind da ist

Teilen Sie Ihren Zeitkuchen in folgende Bereiche ein:

- **Haushalt**
- **Erwerbstätigkeit**
- **Partnerschaft**
- **Freizeit**
- **Versorgung des Kindes**

© 1999 Juventa Verlag GmbH, Weinheim und München

FÜNF SEITEN, DIE ICH BESONDERS SCHÄTZE:

Ich mag an .... besonders, dass

Die fünf wichtigsten Sprecher-Regeln

1. Ich-Gebrauch

Sprechen Sie von Ihren eigenen Gedanken und Gefühlen. Kennzeichen dafür ist der Ich-Gebrauch.
Der Du-Gebrauch ist dagegen häufig eine Anklage und löst Gegenangriffe aus. Statt „Du bist schon wieder zu spät" ist es hilfreich zu sagen, was ich mir vom anderen wünsche oder wie es mir geht, wenn ich auf den anderen warten muß und wir keine Zeit mehr haben, in Ruhe zu Abend zu essen.

2. Konkrete Situation, keine Verallgemeinerungen

Sprechen Sie von konkreten Situationen oder Anlässen. Vermeiden Sie Verallgemeinerungen („immer", „nie").
Verallgemeinerungen rufen oft Widerspruch hervor und lenken vom eigentlichen Inhalt - der konkreten Situation - ab. Beispiel für Verallgemeinerungen: „Immer weißt Du alles besser!"...

3. Konkretes Verhalten, keine negativen Eigenschaften

Sprechen Sie von konkretem Verhalten in bestimmten Situationen. Vermeiden Sie, dem anderen negative Eigenschaften zuzuschreiben („typisch ... !").
Die Unterstellung negativer Eigenschaften ruft Widerspruch hervor. Statt „Daß Du immer so phantasielos bist -!" besser „Hast Du keine Ideen, was wir noch machen können?" ...

4. Hier und Jetzt, keine alten Hüte

Bleiben Sie beim Thema, sprechen Sie vom Hier und Jetzt. Vermeiden Sie es, auf alte Geschichten zurückzugreifen.
Bei Rückgriffen auf die Vergangenheit besteht die Gefahr, vom eigentlichen Thema abzukommen. Beispiel „Letzte Woche hast Du auch schon..."

5. Mitteilen, was in mir vorgeht. Eigene Gefühle und Bedürfnisse direkt äußern

Versuchen Sie, sich zu öffnen und zu formulieren, was in Ihnen vorgeht. Äußern Sie Ihre Gefühle und Bedürfnisse direkt. Sie vermeiden damit Anklagen und Vorwürfe.
Im Gegensatz dazu steht die Absicherung gegen mögliche Reaktionen des anderen schon im voraus. „Du machst ja doch nicht mit..." usw. Absicherung ist im öffentlichen Leben durchaus sinnvoll. Um aber in der Partnerschaft Nähe und Vertrauen zu schaffen, sollte man dem anderen mitteilen, was in einem vorgeht und eigene Schwächen nicht verbergen.

© 1999 Juventa Verlag GmbH, Weinheim und München

Die fünf Zuhörer-Regeln

1. Aufmerksames Zuhören

Beim aufmerksamen Zuhören zeigen Sie dem Partner durch Gesten und kurze Einwürfe oder Fragen Ihr Interesse (z.B. durch unterstützende Gesten wie Nicken oder kurze Fragen, angemessenen Blickkontakt, eine dem Partner zugewandte Körperhaltung, Ermutigungen, weiterzusprechen, z.B. „Ich würde gerne mehr darüber hören...").

2. Wiedergabe

Wiedergabe bedeutet die Wiederholung dessen, was der Partner gesagt hat, in eigenen Worten: Sie vergewissern sich damit, ob Sie ihn richtig verstanden haben. Wenn der Partner über ein Problem spricht und seine Gefühle und Bedürfnisse äußert, sollte der Zuhörer nicht versuchen, ihm diese Probleme auszureden oder sofort von seinen eigenen Problemen zu sprechen. Wichtig ist, dem Sprecher deutlich zu machen, daß Sie ihn verstanden haben. Fällt es Ihnen schwer, seine Äußerungen in eigene Worte zu kleiden, sollten Sie vor wörtlichen Wiederholungen nicht zurückschrecken.

3. Nachfragen

Haben Sie im Verlauf einer Unterhaltung den Eindruck, daß Ihr Partner seine Gefühle oder Wunschvorstellungen nur indirekt äußert, sind Sie sich nicht ganz sicher sind, was er empfindet, so fragen Sie gezielt nach seinen Gefühlen oder bieten Sie Gefühle an. Wichtig ist, daß keine Urteile abgegeben, sondern Interpretationen angeboten werden, z.B: „Hättest Du gerne eine Pause gemacht?" und nicht „Das liegt daran, daß Du Dir Deine Zeit falsch einteilst."

4. Loben für Offenheit und Verständlichkeit

Hat Ihr Partner etwas offen und verständlich erklärt, dann sagen Sie ihm, daß es Ihnen gefallen hat oder daß er es gut gemacht hat. Wenn Sie Ihrem Partner z.B. sagen, daß Sie ihn, wenn er es so sagt, wirklich gut verstehen können, dann wird es ihm auch in Zukunft leichter fallen, sich auf eine solche Weise auszudrücken (Beispiel: „Das hast Du gut gesagt, ich hab verstanden, was Du meinst." Das heißt selbstverständlich nicht, dass man inhaltlich zustimmen muss!).

5. Ablenkungen äußern

Gefühle und Störungen, die Sie vom Zuhören ablenken, sollen direkt geäußert werden. Dabei kann es sich um Straßenlärm von draußen handeln, um etwas, das Ihnen gerade noch nachgeht oder auch um positive oder negative Empfindungen aufgrund der Äußerungen des Partners. Sind Sie z.B. sehr aufgebracht, ist es besser, Ihr Gefühl direkt zu äußern. Nicht „Aber das stimmt doch nicht!!", sondern „Ich bin völlig überrascht, daß Du das so siehst!".

HAUSAUFGABEN

Übungen zur ersten Sitzung und Vorbereitung der zweiten Sitzung

1. Veränderungen unserer Zeitkuchen (→ Arbeitsblatt 7)

2. „Gute Gesprächsführung"
   am Thema „Berufstätigkeit der Mutter, pro und contra"
   die Sprecher-Regeln und die Zuhörer-Regeln ausprobieren (→ Arbeitsblätter 9 und 10)

3. Dicker Ärger: Eine Situation, in der ich mich ziemlich geärgert habe, und die ich der Gruppe erzählen könnte.

AB 12

Teil der Geschichte	Werner denkt:	Werner fühlt:	Werner tut:
1			
2			
3			

© 1999 Juventa Verlag GmbH, Weinheim und München

AB 13

1. Situationsbeschreibung: Was ist passiert?	2. Ansprüche: Welcher Anspruch wurde verletzt? Wie ist mein Anspruch begründet?	3. Verantwortlichkeit Wer hat den Anspruch verletzt? Hat die Person wirklich etwas mit dem „Schaden" zu tun -- oder? Hätte sie wirklich anders gekonnt -- oder? Hat sie den „Schaden" wirklich abgesehen -- oder? Wollte sie mir wirklich etwas antun -- oder? Hatte sie gute Gründe für ihr Tun, die ich respektieren könnte?	4. Vorurteile Was halte ich von dieser Person? Habe ich vorgefaßte Meinungen? Unterstelle ich ihr etwas?

© 1999 Juventa Verlag GmbH, Weinheim und München

AB 14

Techniken für den Notfall I

(Ärgerkontrolle nicht möglich)

Den Notfall erkenne ich daran, daß ....
....
....

Und dann – was tun?

1. Entspannungsübungen

2. tief durchatmen

3. Ortsveränderungen und Bewegung
z.B. Spazierengehen;
sagen, daß bzw. wann man zurückkommt

4. Lärm machen, schreien, aber nicht in dem Raum, in dem der andere ist.
Ziehen Sie sich zurück dafür und sagen Sie, was Sie jetzt tun werden.

5. Altglas wegbringen

6. auf Kissen hauen

7.

8.

9.

© 1999 Juventa Verlag GmbH, Weinheim und München

Störung

1. Problembeschreibung:

2. Gefühle:

3. Erklärung des Zustandekommens des Problems:

Weiteres:

AB 16

Wünsche

1. Wünsche hinsichtlich der Sache:

2. Wünsche hinsichtlich der Beziehung:

3. Wünsche für mich:

4. Wünsche für andere:

5. Kurzfristige Wünsche:

6. Langfristige Wünsche:

Weiteres:

© 1999 Juventa Verlag GmbH, Weinheim und München

Klärung von Meinungsverschiedenheiten

Voraussetzungen: Sachlichkeit und konstruktive Einsatzbereitschaft!

1. Was stört mich? (Ist-Zustand)	Sachliche Definition des Problems • Worin genau besteht das Problem? • Seit wann besteht das Problem schon bzw. wie hat es sich entwickelt? • Wer ist alles davon betroffen? • Worauf hat das Problem Auswirkungen • Emotionale Definition des Problems • Wie fühle ich mich in der Situation? • Welche Befürchtungen erwachsen mir aus dieser Situation? • Ursächliche Definition des Problems • Wie erkläre ich mir das Zustandekommen des Problems?
2. Was wünsche ich mir? (Ideal)	Was möchte ich am liebsten erreichen in Bezug auf das Problem? • in der Sache • in der Beziehung • für mich und die anderen Beteiligten • langfristig, kurzfristig
3. Wie könnte das konkret aussehen?	• Was wünsche ich mir vom anderen genau? • Was soll er tun, wann, wie oft, wo, mit wem? • Was kann ich selbst dazu beitragen?
4. Verhandeln, Prüfen, Versprechen	• Welche Änderungswünsche sind erfüllbar? • Welche würden mich überfordern? • Finde ich das gerecht? ausgewogen? • Was werde ich wann konkret tun?

AB 18

Fahrplan
Konstruktiver Umgang mit Meinungsverschiedenheiten

Zuerst: Ärgerkontrolle

1. Situationsbeschreibung:

Was ist passiert?

2. Ansprüche:

Welche Ansprüche sind verletzt, wie sind sie begründet?

3. Verantwortlichkeit:

Wer hat den Anspruch verletzt?
Hat die Person wirklich etwas mit dem „Schaden" zu tun -- oder?
Hätte sie wirklich anders gekonnt -- oder?
Hat sie den „Schaden" wirklich abgesehen -- oder?
Wollte sie mir wirklich etwas antun -- oder?
Hatte sie gute Gründe für ihr Tun (Rechtfertigungen), die ich respektieren könnte?

4. Vorurteile:

Was halte ich von dieser Person? Unterstelle ich ihr etwas?

Wenn Sachlichkeit und konstruktive Einsatzbereitschaft gegeben sind: Konstruktive Lösung von Meinungsverschiedenheiten

1. Störung:

sachliche Problembeschreibung, eigene Gefühle angesichts des Problems, Zustandekommen

2. Idealzustand:

Wünsche und Bedürfnisse
ohne Ängste und Rücksichten

3. Konkretisierung:

Was soll der andere tun, wann, wie oft, wo, mit wem?

4. Verhandeln:

welche Wünsche sind erfüllbar, welche überforden?

Prüfen:

Gerechtigkeit der Lösung?

Versprechen:

was werde ich konkret wann tun?

Bei jedem der 4 Schritte die Sprecher- und Zuhörerregeln beachten:

Sprecher:

eigene Gedanken und Gefühle
konkrete Situationen
konkretes Verhalten des anderen
hier und jetzt
eigene Gefühle und Bedürfnisse direkt äußern

Zuhörer:

aufmerksames Interesse
Wiedergabe
Nachfragen
Loben für Offenheit und Verständlichkeit
Ablenkungen äußern.

Danach **Rollentausch**

© 1999 Juventa Verlag GmbH, Weinheim und München

AB 19

Techniken für den Notfall II

(Ärgerkontrolle und / oder konstruktives Gespräch nicht möglich)

Den Notfall erkenne ich daran, daß ....
....
....

Und dann – was tun?

1. Entspannungsübungen
2. tief durchatmen
3. Ortsveränderungen und Bewegung
   (z.B. Spazierengehen; sagen, daß bzw. wann man zurückkommt)
4. Lärm machen, schreien, aber nicht in dem Raum, in dem der andere ist. Ziehen Sie sich zurück dafür und sagen Sie, was Sie jetzt tun werden.
5. Altglas wegbringen
6. auf Kissen hauen
7. Abbrechen, möglichst nicht „bestrafend"
8. Vertagen (möglichst vereinbaren, wann man das Gespräch weiterführt)
9. Versöhnen
   - Vereinbaren von Tabu-Themen
   - „Ich diesmal nicht!" bekämpfen
   - Versöhnungsversuchen des Partners/ der Partnerin Beachtung schenken
   - Versöhnung, in Worten oder durch Gesten

10.

11.

12.

© 1999 Juventa Verlag GmbH, Weinheim und München

AB 20

Umgang mit Belastungen

Belastungen sind „Stromfresser": Wir brauchen Zeit und Energie, um sie zu bewältigen – indem wir an sie denken, über Lösungen grübeln, uns durch sie unwohl fühlen, uns um die Kontrolle unserer schlechten Gefühle bemühen, andere mit unseren schlechten Gefühlen beeinträchtigen und vieles andere mehr.

Wenn wir sowieso schon belastet sind, weil wir gerade unser Leben an neue Anforderungen anpassen müssen, können sich zusätzliche Belastungen nachteilig auswirken: Es fehlt die Gelassenheit, die Problemlösungen werden schlechter, die Kraft reicht nicht mehr für eine konstruktive Lösung, und anderes mehr.

Was tun? Nicht alle Belastungen sind Schicksal, manche lassen sich beeinflussen. Folgende Fragen können dabei helfen:

Ist die Belastung ...

(1) veränderbar oder nicht?

(2) wenn veränderbar: umgehen oder verschieben? im Ausmaß vermindern?

(3) wenn nicht veränderbar: gibt es Stützmaßnahmen, die die Belastungen erträglicher machen könnten?

© 1999 Juventa Verlag GmbH, Weinheim und München